Quick Guide

Reihe herausgegeben von
Springer Fachmedien Wiesbaden
Wiesbaden, Deutschland

Quick Guides liefern schnell erschließbares, kompaktes und umsetzungsorientiertes Wissen. Leser erhalten mit den Quick Guides verlässliche Fachinformationen, um mitreden, fundiert entscheiden und direkt handeln zu können.

Christian W. Eggers

Praxis-Guide Social-Media-Recht der öffentlichen Verwaltung

Rechtliche Grundlagen und Gestaltungsoptionen in der Öffentlichkeitsarbeit

2., erweiterte und vollständig überarbeitete Auflage

Christian W. Eggers
Christian W. Eggers - Nordbild Medienrechtseminare
Kiel, Deutschland

ISSN 2662-9240　　　　　　ISSN 2662-9259 (electronic)
Quick Guide
ISBN 978-3-658-46650-3　　ISBN 978-3-658-46651-0 (eBook)
https://doi.org/10.1007/978-3-658-46651-0

Die Deutsche Nationalbibliothek verzeichnet diese Publikation in der Deutschen Nationalbibliografie; detaillierte bibliografische Daten sind im Internet über https://portal.dnb.de abrufbar.

© Der/die Herausgeber bzw. der/die Autor(en), exklusiv lizenziert an Springer Fachmedien Wiesbaden GmbH, ein Teil von Springer Nature 2020, 2025

Das Werk einschließlich aller seiner Teile ist urheberrechtlich geschützt. Jede Verwertung, die nicht ausdrücklich vom Urheberrechtsgesetz zugelassen ist, bedarf der vorherigen Zustimmung des Verlags. Das gilt insbesondere für Vervielfältigungen, Bearbeitungen, Übersetzungen, Mikroverfilmungen und die Einspeicherung und Verarbeitung in elektronischen Systemen.
Die Wiedergabe von allgemein beschreibenden Bezeichnungen, Marken, Unternehmensnamen etc. in diesem Werk bedeutet nicht, dass diese frei durch jede Person benutzt werden dürfen. Die Berechtigung zur Benutzung unterliegt, auch ohne gesonderten Hinweis hierzu, den Regeln des Markenrechts. Die Rechte des/der jeweiligen Zeicheninhaber*in sind zu beachten.
Der Verlag, die Autor*innen und die Herausgeber*innen gehen davon aus, dass die Angaben und Informationen in diesem Werk zum Zeitpunkt der Veröffentlichung vollständig und korrekt sind. Weder der Verlag noch die Autor*innen oder die Herausgeber*innen übernehmen, ausdrücklich oder implizit, Gewähr für den Inhalt des Werkes, etwaige Fehler oder Äußerungen. Der Verlag bleibt im Hinblick auf geografische Zuordnungen und Gebietsbezeichnungen in veröffentlichten Karten und Institutionsadressen neutral.

Planung/Lektorat: Laura Spezzano
Springer Gabler ist ein Imprint der eingetragenen Gesellschaft Springer Fachmedien Wiesbaden GmbH und ist ein Teil von Springer Nature.
Die Anschrift der Gesellschaft ist: Abraham-Lincoln-Str. 46, 65189 Wiesbaden, Germany

Wenn Sie dieses Produkt entsorgen, geben Sie das Papier bitte zum Recycling.

Vorwort

Mit diesem Buch möchte ich die wichtigsten Antworten auf die rechtlichen Fragestellungen der Mitarbeitenden in der behördlichen Öffentlichkeitsarbeit, insbesondere zur Social-Media-Arbeit, praxisbezogen und umsetzbar vermitteln.

Wird staatliche Öffentlichkeitsarbeit als eine dem Gemeinwesen verpflichtete und dienende Aufgabe verstanden, ist sie ein unentbehrlicher Beitrag zur Informierung der Bevölkerung und damit zur Meinungsbildung über das Handeln der Exekutive. Eine weitere wichtige Aufgabe des hoheitlichen Informationshandels ist die Ermöglichung der Teilhabe der Bevölkerung an den Leistungen des Staates. In diesem Sinne soll dieses Buch das Bewusstsein für die verantwortungsvollen Aufgaben der staatlichen Öffentlichkeitsarbeit wecken.

Mitarbeitende der Öffentlichkeitsarbeit der Behörden und sonstigen öffentlichen Einrichtungen empfinden die rechtlichen Besonderheiten staatlicher Öffentlichkeitsarbeit häufig als eine Einschränkung ihrer Kreativität und Spontanität sowie als eine „bürokratische Bremse" bei der Erzeugung von Reichweiten und Interaktionen.

Erfolg und Qualität staatlicher Öffentlichkeitsarbeit sind nicht allein von der öffentlichen Wahrnehmbarkeit der behördlichen Mitteilungen abhängig. So liegt die besondere Qualifikation der Social-Media-Managerinnen und -Manager der öffentlichen Einrichtungen in der

Kenntnis und Einhaltung der durch die Verfassung und die Rechtsprechung vorgegebenen „Spielregeln" staatlicher Kommunikation mit den Bürgerinnen und Bürgern. Gefragt bei der Social-Media-Arbeit öffentlicher Einrichtungen ist das richtige Fingerspitzengefühl auf der Grundlage von Rechtskenntnissen.

Mit dieser zweiten Auflage des Quick Guide Social-Media-Recht der öffentlichen Verwaltung sind die Unterschiede der staatlichen Öffentlichkeitsarbeit gegenüber der Öffentlichkeitsarbeit privater Personen und Einrichtungen vertiefend herausgearbeitet. Hinzugefügt ist ein Abschnitt über den Einsatz künstlicher Intelligenz im Rahmen behördlicher Informationen und Mitteilungen, die an die Bürgerinnen und Bürger gerichtet sind.

Kiel, Deutschland
Christian W. Eggers
September 2024

Inhaltsverzeichnis

1 **Funktionen und Begriff der staatlichen Öffentlichkeitsarbeit** 1
  1.1 Der rechtliche Rahmen der staatlichen
      Öffentlichkeitsarbeit 2
      1.1.1 Der fundamentale Unterschied zwischen der
           Öffentlichkeitsarbeit privater und staatlicher
           Einrichtungen 2
      1.1.2 Die drei wichtigsten „Leitplanken" der
           staatlichen Öffentlichkeitsarbeit 4
      1.1.3 Systematik der Fragestellungen 4
      1.1.4 Überblick zu den Prüfungspunkten der
           Rechtmäßigkeit 5
  1.2 Staatliche Informationsmaßnahmen 7
      1.2.1 Informationsmaßnahmen als Bestandteil der
           Hauptaufgabe 7
      1.2.2 Informationen über die Aufgabenerfüllung 9
  1.3 Staatliche Öffentlichkeitsarbeit als Rechtsbegriff 10
  1.4 Funktionen der staatlichen Öffentlichkeitsarbeit 12
      1.4.1 Leistungs-, Arbeits- und Erfolgsberichte 13
      1.4.2 „Service-Informationen" 13
      1.4.3 Transparenz und Willensbildung 14

	1.4.4 Akzeptanz belastender Entscheidungen	15
	1.4.5 Externe Personalgewinnung	16
1.5	Definition Social-Media-Recht	16

2 Wer kommuniziert staatlich? 19
2.1 Staatlichkeit der Öffentlichkeitsarbeit nach Begriff,
Funktionen und Aufbau der Verwaltung 21
    2.1.1 Einordnung nach dem
verwaltungsverfahrensrechtlichen
Behördenbegriff 21
    2.1.2 Einordnung nach der Funktion der Verwaltung 22
    2.1.3 Einordnung nach Aufbau der öffentlichen
Verwaltung 24
2.2 Öffentlichkeitsarbeit und Grundrechtsverpflichtung 26
    2.2.1 Keine Presse- und Meinungsfreiheit der
Redaktionen 28
    2.2.2 Öffentlichkeitsarbeit privatrechtlich organisierter
öffentlicher Verwaltung 29
    2.2.3 Öffentlichkeitsarbeit der Kommunen 33
    2.2.4 Stadtmarketing der Kommunen 35
2.3 Sonderfälle grundrechtlicher Kommunikationsfreiheit
der öffentlichen Verwaltung 39
    2.3.1 Kommunikationsfreiheit der öffentlichen
Verwaltung als Ausnahme 40
    2.3.2 Öffentlichkeitsarbeit der Universitäten und
Fakultäten 41
    2.3.3 Öffentlichkeitsarbeit der Einrichtungen
der Kunst 44
    2.3.4 Öffentlichkeitsarbeit der Rundfunkanstalten 45
    2.3.5 Öffentlichkeitsarbeit der Berufsverbände 49
    2.3.6 Öffentlichkeitsarbeit der Kirchen 50
    2.3.7 Öffentlichkeitsarbeit der Parteien und
Gewerkschaften 51

3 Verwaltungs- und verfassungsrechtliche Grundsätze der Öffentlichkeitsarbeit — 53

- 3.1 Verwaltungsrechtliche Grundsätze zur staatlichen Öffentlichkeitsarbeit — 54
  - 3.1.1 Aufgaben- und Themenkompetenz zur Öffentlichkeitsarbeit — 55
  - 3.1.2 Grundsatz der Gesetzmäßigkeit der Verwaltung — 60
  - 3.1.3 Grundsatz der Verhältnismäßigkeit — 67
  - 3.1.4 Klagemöglichkeiten der Bürger und Bürgerinnen bei unzulässiger Öffentlichkeitsarbeit — 67
- 3.2 Verfassungsrechtliche Grundsätze zur staatlichen Öffentlichkeitsarbeit — 71
  - 3.2.1 Gebot zur Information der Öffentlichkeitsarbeit — 71
  - 3.2.2 Staatsfreiheit der Willensbildung — 72
  - 3.2.3 Parteipolitische Neutralität — 73
  - 3.2.4 Staatsferne der Presse — 75
  - 3.2.5 Sachlichkeit und Richtigkeit der Informationen — 78
- 3.3 Umsetzung von Neutralität und Sachlichkeit – Journalistische Standards — 81
  - 3.3.1 Objektive Perspektive — 81
  - 3.3.2 Formen der Informationstexte und die W-Fragen — 82
  - 3.3.3 Überschriften und Vorspann — 83
- 3.4 Äußerungsrecht der Mitarbeitenden der Öffentlichkeitsarbeit — 84
  - 3.4.1 Dienstliche Verhaltensregeln — 84
  - 3.4.2 Pflichten außerhalb des Dienstes — 87
- 3.5 Äußerungsrecht gewählter Amtsträger — 88
  - 3.5.1 Äußerungen mit Amtsbezug — 88
  - 3.5.2 Äußerungen ohne Amtsbezug — 89

4 Social-Media-Accounts der öffentlichen Verwaltung — 91
4.1 Der Social-Media-Account als „öffentliche Einrichtung" — 92
    4.1.1 Rechtsnatur interaktiver behördlicher Accounts — 93
    4.1.2 Berechtigung zur Unterhaltung des Accounts — 93
4.2 Die Moderation des Accounts — 98
    4.2.1 Themenbezug der Nutzerkommentare — 98
    4.2.2 Zugang, Kommentierungen und Sperrungen — 99
    4.2.3 Der Meinungsfreiheit unterliegende Kommentare — 100
    4.2.4 Abwägung zwischen Meinungsfreiheit und Ehre — 101
    4.2.5 Nicht der Meinungsfreiheit unterliegende Kommentare — 104
    4.2.6 Verteidigung der öffentlichen Verwaltung gegen Angriffe — 107
    4.2.7 Netzwerkdurchsetzungsgesetz – NetzDG — 110
    4.2.8 Löschungspflicht der Moderatoren bei rechtswidrigen Äußerungen — 110
4.3 Einhaltung der allgemeinen Gesetze zum Social-Media-Recht — 112
    4.3.1 Störerhaftung der öffentlichen Verwaltung — 113
    4.3.2 Checkliste soziale Medien — 114
4.4 Einsatz von Künstlicher Intelligenz — 118
    4.4.1 Künstliche Intelligenz und Kennzeichnungspflichten — 119
    4.4.2 Künstliche Intelligenz und Datenschutz — 120
    4.4.3 Künstliche Intelligenz und das „Recht am Bild" — 121
    4.4.4 Künstliche Intelligenz und das Urheberrecht — 122
Literatur — 125

5 Datenschutz bei personenbezogenen Inhalten der Öffentlichkeitsarbeit — 127
5.1 Grundsätze und Rechtsgrundlagen — 127
    5.1.1 Erlaubnisvorbehalt zur Verarbeitung personenbezogener Daten — 128

	5.1.2	Anzuwendende Datenschutzgesetze	128
	5.1.3	Besondere Bedeutung der Rechtsgrundlage „öffentliches Interesse"	129
5.2	Personenfotos in der staatlichen Öffentlichkeitsarbeit		132

5.1.2 – 5.3.2

5.2 Personenfotos in der staatlichen Öffentlichkeitsarbeit — 132
  5.2.1 Suche der passenden Rechtsgrundlagen — 133
  5.2.2 Tragfähigkeit der Rechtsgrundlage — 135
  5.2.3 Umsetzungen der Informationspflichten — 139
5.3 Personenfotos und Pressetermine — 140
  5.3.1 Die Presse wird auf Grund eigener Initiative tätig — 141
  5.3.2 Auf Initiative der Einrichtung tätige Presse – Eingeladene Presse — 142
Literatur — 145

6 Auskunftsrechte der Presse — 147
6.1 Rechtsgrundlagen der Auskunftsansprüche — 148
  6.1.1 Bundespresseauskunftsgesetz — 148
  6.1.2 Verfassungsunmittelbarer Auskunftsanspruch der Presse — 149
  6.1.3 Auskunftsanspruch gemäß Landespressegesetzen — 149
  6.1.4 Auskunftsanspruch gemäß Medienstaatsvertrag — 150
  6.1.5 Zugang zu amtlichen Informationen gemäß der Informationsfreiheitsgesetze — 151
6.2 Presserechtlich Auskunftsberechtigte — 151
  6.2.1 Unternehmen und Hilfsunternehmen der Presse sowie freie Journalisten — 152
  6.2.2 Journalistisch-redaktionell gestaltete Unternehmenspublikationen — 153
  6.2.3 Presserechtlicher Auskunftsanspruch der Blogger — 153
6.3 Auskunftsverpflichtete Organisationen — 154
6.4 Gegenstand und Form der presserechtlichen Auskunft — 155
  6.4.1 Inhalte der Auskunft — 155
  6.4.2 Form und Durchführung der Auskunft — 156

6.5 Auskunftsverweigerungsgründe ... 157
    6.5.1 Auskunftsverweigerung bei schwebenden Verfahren ... 157
    6.5.2 Auskunftsverweigerung bei Geheimhaltungsvorschriften ... 158
    6.5.3 Auskunftsverweigerung bei überwiegenden öffentlichen Interessen ... 159
    6.5.4 Auskunftsverweigerung bei schutzwürdigen privaten Interessen ... 159
    6.5.5 Auskunftsersuchen, die das zumutbare Maß übersteigen ... 161

Über den Autor

Christian W. Eggers ist freiberuflicher Dozent für Medienrecht, zertifizierte Fachkraft für Datenschutz sowie Autor der Ratgeberbücher „Praxis-Guide Bildrechte" und „Bildrechte in Lehre, Wissenschaft und Kultur". Das Schulungsangebot von Christian W. Eggers ist auf die Fortbildung von Fach- und Führungskräften in der Unternehmenskommunikation, der behördlichen Öffentlichkeitsarbeit und in Presseverlagen ausgerichtet.

Abkürzungsverzeichnis

ArbG	Arbeitsgericht
BBG	Bundesbeamtengesetz
BDSG	Bundesdatenschutzgesetz
BeamtStG	Beamtenstatusgesetz
BGH	Bundesgerichtshof
BVerfG	Bundesverfassungsgericht
DSGVO	Datenschutzgrundverordnung
EuGH	Europäischer Gerichtshof
GG	Grundgesetz
IFG	Informationsfreiheitsgesetz
KG	Kammergericht
LDSG	Landesdatenschutzgesetze der Bundesländer
LG	Landgericht
LPresseG	Landespressegesetze
MStV	Medienstaatsvertrag
NetzDG	Netzwerkdurchsetzungsgesetz
OLG	Oberlandesgericht
RStV	Rundfunkstaatsvertrag
VG	Verwaltungsgericht
VwGO	Verwaltungsgerichtsordnung
VwVfG	Verwaltungsverfahrensgesetz

Abbildungsverzeichnis

Abb. 1.1	Funktionen der staatlichen Informationen	8
Abb. 1.2	Aufgabenerfüllung Gefahrenabwehr (links) und Öffentlichkeitsarbeit (rechts)	10
Abb. 1.3	Tweet der Polizei mit anordnendem Inhalt	12
Abb. 2.1	Aufbau der öffentlichen Verwaltung	20
Abb. 2.2	Tätigkeitsfelder der Verwaltung	23
Abb. 2.3	Tweet der Tagesschau ohne Aufgabenbezug	49
Abb. 3.1	Die „rechtliche Zwiebel" der Social-Media-Arbeit	55
Abb. 3.2	Abgrenzungskriterien zwischen zulässiger und unzulässiger Öffentlichkeitsarbeit	72
Abb. 3.3	Polemischer Tweet der Polizei	79
Abb. 4.1	Checkliste für Social-Media-Postings von Videos, Grafiken und Fotos. (Quelle: in Anlehnung an Eggers 2019)	115
Abb. 5.1	Prüfungsschema zur Rechtsgrundlage „öffentliches Interesse". (Quelle: in Anlehnung an Eggers 2019)	131
Abb. 5.2	Informationspflichten Veranstaltungsfotografie	138

1

Funktionen und Begriff der staatlichen Öffentlichkeitsarbeit

> **Was Sie aus diesem Kapitel mitnehmen**
>
> Dieses Kapitel dient dem Grundverständnis zur staatlichen Öffentlichkeitsarbeit.
>
> - Sie lernen den fundamentalen Unterschied zwischen staatlicher Öffentlichkeitsarbeit und der Öffentlichkeitsarbeit der privaten Organisationen und Personen kennen.
> - Sie erhalten einen Überblick zu den unterschiedlichen Funktionen der an die Bevölkerung gerichteten Informationen.
> - Sie erfahren, wie zwischen staatlicher Öffentlichkeitsarbeit und sonstigen an die Bevölkerung gerichteten staatlichen Informationen zu unterscheiden ist.
> - Sie verschaffen sich Orientierung durch einen Begriff zur staatlichen Öffentlichkeitsarbeit.

Wendet sich die öffentliche Verwaltung mit Informationen an die Bevölkerung, geschieht dieses nicht auf der Grundlage von grundrechtlichen Freiheitsrechten. Vielmehr ist die Verwaltung auch bei an die Bevölkerung gerichteten Informationshandlungen an verwaltungsrechtliche Grundsätze und an verfassungsrechtliche Gebote gebunden. Je nach Funktion der Inhalte der an die Bürger und Bürgerinnen gerichteten Informatio-

© Der/die Autor(en), exklusiv lizenziert an Springer Fachmedien Wiesbaden GmbH, ein Teil von Springer Nature 2025
C. W. Eggers, *Praxis-Guide Social-Media-Recht der öffentlichen Verwaltung*, Quick Guide, https://doi.org/10.1007/978-3-658-46651-0_1

nen ergeben sich unterschiedliche Berechtigungen und Grenzen der staatlichen Informationsmaßnahmen.

1.1 Der rechtliche Rahmen der staatlichen Öffentlichkeitsarbeit

Die Einordnung einer Öffentlichkeitsarbeit als staatlich oder nicht staatlich ist von höchster Bedeutung für die Praxis. Staatliche Kommunikation unterliegt fundamental anderen Regeln als die Kommunikation privater Einrichtungen und privater Personen. Rechtsfragen zum Äußerungsrecht können ohne eine Einordnung in eine staatliche oder in eine nicht staatliche Zurechnung nicht beantwortet werden. Ebenso kann eine rechtskonforme Öffentlichkeitsarbeit einer staatlichen Stelle, beziehungsweise eines Hoheitsträgers, ohne die Kenntnis der Unterschiede zum Rechtsrahmen der Privaten nicht rechtskonform gestaltet werden. Nachfolgend wird der Rechtsrahmen der staatlichen Öffentlichkeitsarbeit im Überblick dargestellt. Mit der „Social-Media-Zwiebel" (Abb. 3.1) erhalten Sie ein Prüfungsschema für die praktische Arbeit.

1.1.1 Der fundamentale Unterschied zwischen der Öffentlichkeitsarbeit privater und staatlicher Einrichtungen

Äußerungen privater Organisationen und privater Personen bewegen sich im Rahmen der grundrechtlich geschützten Kommunikationsfreiheiten des Art. 5 Grundgesetz (GG) und des Art. 11 der Charta der Grundrechte der Europäischen Union (GRCh).

Staatliche Öffentlichkeitsarbeit basiert nicht auf Grundfreiheiten, sondern auf Kompetenzen und der Einhaltung verfassungs- und verwaltungsrechtlicher Grundsätze.

Öffentlichkeitsarbeit privater Organisationen und Personen
Private Organisationen und Personen können sich nach Belieben zu jedem Thema in jeder Form und in jedem Umfang äußern.

1 Funktionen und Begriff der staatlichen Öffentlichkeitsarbeit

Artikel 11 – Freiheit der Meinungsäußerung und Informationsfreiheit

1. *Jede Person hat das Recht auf freie Meinungsäußerung. Dieses Recht schließt die Meinungsfreiheit und die Freiheit ein, Informationen und Ideen ohne behördliche Eingriffe und ohne Rücksicht auf Staatsgrenzen zu empfangen und weiterzugehen.*
2. *Die Freiheit der Medien und ihre Pluralität werden geachtet.*

Die Grenzen der Kommunikationsfreiheit setzen die allgemeinen Gesetze, wie etwa das Strafrecht und die Grundsätze zum allgemeinen Persönlichkeitsrecht. Äußern sich Private öffentlich, ist das für eine Demokratie konstituierende Rechtsgut der Kommunikationsfreiheit mit den Rechten der Personen und Organisationen, über die kommuniziert wird, abzuwägen. Die Grenzen ergeben sich dann aus einer Rechtsgüterabwägung der Grundfreiheiten zwischen den sich Äußernden und den von einer Äußerung betroffenen Personen und Organisationen in der konkreten Einzelfallbetrachtung.

Öffentlichkeitsarbeit staatlicher Einrichtungen

Äußern sich staatliche Einrichtungen, beziehungsweise Hoheitsträger, gelten fundamental andere rechtliche Maßstäbe der Kommunikation als die, die sich aus den Kommunikations- und Informationsfreiheitsrechten ergeben. So findet zur Bewertung der Rechtmäßigkeit der Äußerungen einer staatlichen Einrichtung keine Rechtsgüterabwägung auf der Grundlage der Kommunikationsfreiheit statt. Der Staat kann sich grundsätzlich nicht selbst auf Grundfreiheiten berufen. Denn staatliche Einrichtungen und Amtsträger sind abgesehen von wenigen Ausnahmen in Teilbereichen einer staatlichen Stelle nicht Träger von Grundfreiheiten. Wenn Hoheitsträger Mitteilungen an die Bürgerinnen und Bürger richten, geschieht dieses daher nicht auf der Grundlage der grundrechtlichen Kommunikationsfreiheiten, sondern auf Grund von Kompetenzen im Rahmen der gesetzlichen Aufgabenzuweisungen und Befugnisse.

1.1.2 Die drei wichtigsten „Leitplanken" der staatlichen Öffentlichkeitsarbeit

Aus der Funktion der Grundrechte als Rechte der Bürger gegenüber dem Staat folgt die Tatsache, dass der Staat sich grundsätzlich nicht selbst auf Grundrechte berufen kann. Damit lassen sich drei Grundsätze als „Leitplanken" für die staatliche Kommunikation benennen:

- Staatliche Kommunikations-Kompetenzen resultieren aus der nach demokratischen Regeln verliehenen Macht der Exekutive. Die Grundlage der Öffentlichkeitsarbeit mit ihren Äußerungsbefugnissen der Hoheitsträger ist zunächst ein Gesetz. Aus dem Gesetz folgt die Aufgabe einer staatlichen Einrichtung. Im Rahmen dieser demokratisch legitimierten Ermächtigung besteht die Kompetenz, sich über die Aufgabenerfüllung sowie auch zur Aufgabenerfüllung äußern zu können (siehe Abschn. 3.1.1).
- Kann der Private Öffentlichkeitsarbeit unterlassen, kann dagegen der Staat zur Kommunikation mittels Öffentlichkeitsarbeit verpflichtet sein (siehe Abschn. 3.2.1).
- Staatliches Handeln ist an die Gesetze und an verfassungsrechtliche Grundsätze gebunden (Grundrechtsverpflichtung staatlichen Handelns). Daraus folgt, dass nicht nur die Kompetenz, sich überhaupt zu einem bestimmten Thema zu äußern, auf eine gesetzliche Legitimation zurückführbar sein muss. Auch das „Wie" einer an die Bevölkerung gerichteten Äußerung muss verfassungs- und verwaltungsrechtlichen Grundsätzen entsprechen. Zur ersten Orientierung siehe Abb. 3.1 „Social-Media-Zwiebel".

1.1.3 Systematik der Fragestellungen

In der Praxis der Öffentlichkeitsarbeit einer staatlichen Stelle beziehungsweise eines Hoheitsträgers kann die Befugnis zur Äußerung gegenüber der Bevölkerung in drei rechtliche Fragestellungen eingeteilt werden:

- Darf ein Hoheitsträger bestimmte Informationen grundsätzlich nicht der Bevölkerung mitteilen? Siehe hierzu Kap. 5.

1 Funktionen und Begriff der staatlichen Öffentlichkeitsarbeit

- Muss sich ein Hoheitsträger zu einem bestimmten Sachverhalt gegenüber der Öffentlichkeit äußern? Siehe hierzu Kap. 6.
- Kann sich ein Hoheitsträger in seiner Funktion nach eigenem Ermessen zur Unterstützung der Aufgabe mit dem konkreten Inhalt und der konkreten Form der Mitteilung an die Bevölkerung wenden? Diese Fragestellung wird im Schwerpunkt mit dem Kap. 3 beantwortet.

Staatliche Öffentlichkeitsarbeit spielt sich überwiegend in dem Bereich des „Nicht-Müssens" ab. Zur rechtlichen Prüfung von Inhalt und Form bietet die „Social-Media-Zwiebel" der Abb. 3.1 einen Überblick. Sie kann als Wegweiser zur Überprüfung der Arbeit mit Informationen zur Öffentlichkeitsarbeit dienen.

1.1.4 Überblick zu den Prüfungspunkten der Rechtmäßigkeit

Nachfolgend sind die Rechtsgrundsätze zur Rechtmäßigkeit staatlicher Öffentlichkeitsarbeit im Überblick dargestellt.

1.1.4.1 Einhaltung der Kompetenzordnung

Die Zuständigkeit und der Tätigkeitsbereich von Behörden müssen in einer Demokratie auf gesetzlicher Legitimation beruhen. Hieraus folgt eine Kompetenzordnung. Aus dieser wiederum ergibt sich die Kompetenz zur Äußerung zur Aufgabenerfüllung und über die jeweilige Aufgabenerfüllung. Es muss eine „Themenkompetenz" bestehen. Das jeweilige Thema kann also nicht frei gewählt werden. Es muss mit der Aufgabe der Behörde korrespondieren. Ausführlich hierzu siehe Abschn. 3.1.1.

1.1.4.2 Vorrang des Gesetzes

Für jedes Verwaltungshandeln eines Hoheitsträgers gilt die Verpflichtung, sich an die bestehende Rechtsordnung zu halten. Dieses „Vorrangprinzip" des Artikels 20 Abs. 2 Grundgesetz (GG) ist unter anderem in der Kommunikation dann von praktischer Relevanz, wenn es um die Auswahl von

Social-Media-Dienstleistern geht. Kommt man zu dem Ergebnis, dass bestimmte Dienstleiter nicht den Vorgaben der Datenschutzgrundverordnung (DSGVO) entsprechen, folgt daraus auch die Pflicht einer staatlichen Einrichtung zur Zurückhaltung bei dem Einsatz von datenschutzrechtlich unzureichenden Netzwerken. Ausführlich hierzu Abschn. 3.1.2 und Abschn. 4.1.2.4 zur Frage der Nutzung sozialer Netzwerke.

1.1.4.3 Vorbehalt des Gesetzes

Ein weiterer Grundsatz für die Öffentlichkeitsarbeit staatlicher Einrichtungen folgt aus dem „Vorbehalt des Gesetzes". Wird in geschützte Rechtspositionen der Bürgerinnen und Bürger eingegriffen, bedarf es hierfür eines Gesetzes. Auch dann, wenn Öffentlichkeitsarbeit keine Zwangswirkung entfaltet, bedarf es dennoch einer „Minimal-Legitimation" für Äußerungen staatlicher Einrichtungen.[1] Diese besteht in den meisten Fällen der an die Bevölkerung gerichteten Mitteilungen aus der Kompetenzordnung, aus der die Themenkompetenz abgeleitet wird. Ausführlich hierzu Abschn. 3.1.2.2.

1.1.4.4 Verfassungsrechtliche Gebote zum „Ob und Wie" der Öffentlichkeitsarbeit

In einer langen Kette der höchstrichterlichen Rechtsprechung[2] wurden zum „Ob und Wie" staatlicher Öffentlichkeitsarbeit Grundsätze herausgearbeitet. Diese sind für die praktische Arbeit von hoher Relevanz. Zum einen wird anerkannt, dass Öffentlichkeitsarbeit, verstanden als Berichterstattung über die Aufgabenerfüllung, Willensbildung und Teilhabe fördert. Auf der anderen Seite darf der Staat nicht seine Autorität zur Manipulation demokratischer Prozesse missbrauchen. In diesem Zusammen-

---

[1] Die Frage, inwieweit staatliche Öffentlichkeitsarbeit deren Mitteilungen weder Zwangswirkung noch Regelungscharakter enthalten, überhaupt einer demokratischen Legitimation bedarf, ist nicht unumstritten. Inzwischen ist der Gesetzgeber in neueren Gesetzen zur Einrichtung staatlicher Stellen dazu übergegangen ausdrücklich zur Öffentlichkeitsarbeit zu ermächtigen.
[2] BVerfG, Urteil v. 27 Februar 2018, Az. 2 BvE 1/16.

hang sind das Sachlichkeitsgebot sowie das Neutralitätsgebot von Bedeutung. Ausführlich hierzu Abschn. 3.2.

1.2 Staatliche Informationsmaßnahmen

Mit der nachfolgenden Darstellung der Funktionen staatlichen Informationshandelns soll die rechtliche Unterscheidung zwischen staatlicher Öffentlichkeitsarbeit und anderen an die Bevölkerung gerichteten Informationen deutlich werden. Diese Unterscheidung ist bedeutsam, da staatliche Öffentlichkeitsarbeit nicht unmittelbar die Erfüllung der gesetzlich definierten Aufgabe des jeweiligen Hoheitsträgers ist und sie keine Regelungswirkung entfaltet. Die Abb. 1.1 zeigt Ihnen die beiden rechtlich voneinander zu trennenden Hauptgruppen der an die Bevölkerung gerichteten Informationen. Die linke Spalte zeigt Informationsmaßnahmen als originäre Aufgabenerfüllung. Die rechte Spalte zeigt Informationsmaßnahmen, die als Öffentlichkeitsarbeit einzuordnen sind. Es handelt sich um Informationen *über* die Aufgabenerfüllung.

1.2.1 Informationsmaßnahmen als Bestandteil der Hauptaufgabe

Zu trennen ist Öffentlichkeitsarbeit von den Veröffentlichungen der Verwaltung, die nicht *über* ihre Aufgabenerfüllung berichten, sondern die selbst Teil der originären Aufgabenerfüllung einer Behörde sind. Merkmal dieser Informationen als Maßnahmen ist, dass ihre rechtliche Grundlage in gesetzlich ausdrücklich zugewiesenen Aufgaben fußt und die Information gesetzlich geregelt zur Wahrnehmung der Hauptaufgabe der Behörde erfolgt. Hier bestehen gesetzliche Regelungen über das Ob, Wie und Wann zum Informationshandeln. So etwa, wenn Polizeibehörden sich an die Öffentlichkeit wenden und die Bevölkerung um Mithilfe zur Tataufklärung auffordern. Dabei ist die an die Bevölkerung gerichtete Information als Öffentlichkeitsfahndung ein gesetzlich normiertes Verfahren, welches direkt und unmittelbar selbst die Aufgabenerfüllung der Polizeibehörden darstellt.

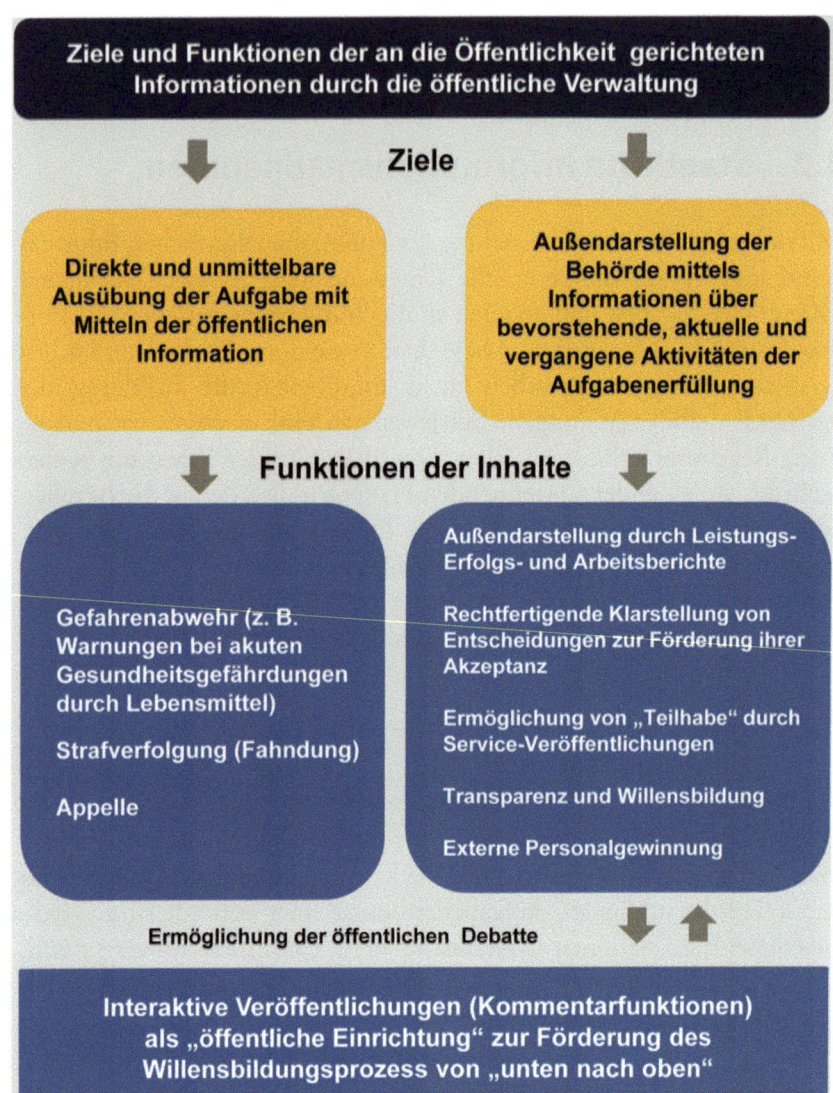

Abb. 1.1 Funktionen der staatlichen Informationen

1 Funktionen und Begriff der staatlichen Öffentlichkeitsarbeit

Beispiel Aufgabenerfüllung

Wütet eine schwere Sturmflut in Nordfriesland, hat der Kreis Nordfriesland als zuständige untere Katastrophenschutzbehörde nach dem Landeskatastrophenschutzgesetz Schleswig-Holstein (LkatSG) gemäß § 7 Abs. 1 Nr. 5 „die Bevölkerung vor Gefahren zu warnen und über die Gefahrenlage und das richtige Verhalten zu ihrem Schutz zu unterrichten". Diese Informationen an die Bevölkerung erfolgen damit auf der Grundlage eines Gesetzes, welches den Kreis ausdrücklich zur Information ermächtigt und verpflichtet.

1.2.2 Informationen über die Aufgabenerfüllung

Zu trennen von Informationen zur unmittelbaren Aufgabenerfüllung sind die Informationen, die *über* die Aufgabenerfüllung erfolgen. Informationen *über* die Aufgabenerfüllung werden der Aufgabenerfüllung nur hinzugefügt und sind nicht selbst Teil der originären Aufgabenerfüllung.[3] Für diese Informationsmaßnahmen besteht in der Regel keine „geschriebene" Ermächtigung in der Form eines Gesetzes oder einer Verordnung.

Beispiel „Information über die Aufgabenerfüllung"

Informiert der Kreis während der Sturmflut (siehe vorangegangenes Beispiel) darüber, welche Orts-Feuerwehren zur Verpflegung der Hilfskräfte im Einsatz sind und dass nach dem Abklingen des Sturms erstmalig eine Kameradrohne für die Schadenseinschätzung eingesetzt werden soll, stehen diese Informationen im engen Zusammenhang mit der Aufgabenerfüllung. Aber sie sind nicht selbst Aufgabenerfüllung, sondern Informationen über das Wie zur Erfüllung der Aufgabe Katastrophenschutz. Diese Informationen sind somit nicht selbst Aufgabenerfüllung, sondern Informationen *über* die Aufgabenerfüllung und damit (freiwillige) Öffentlichkeitsarbeit eines Hoheitsträgers.

Informationen, die wie im obigen Beispiel allein zur „Sichtbarmachung" des Staates dienen, sind rechtlich von gesetzlich normierten Informationsmaßnahmen als unmittelbarer Bestandteil der Aufgabenerfüllung zu unter-

---

[3] Drefs: Öffentlichkeitsarbeit, S. 94.

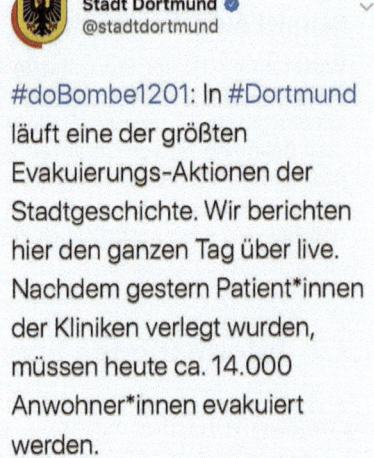

Abb. 1.2 Aufgabenerfüllung Gefahrenabwehr (links) und Öffentlichkeitsarbeit (rechts)

scheiden. Diese Unterscheidung ist für die Praxis bedeutsam. Erfolgt die Information als gesetzlich nominierter Bestandteil der eigentlichen Aufgabenerfüllung, unterliegt sie einem sehr viel engeren rechtlichen Rahmen als die Informationen, die lediglich als Außen- und Selbstdarstellung der Aufgabenerfüllung unterstützend hinzugefügt werden und damit das eigentliche Feld der staatlichen Öffentlichkeitsarbeit bilden. Die Abb. 1.2 zeigt Ihnen an einem Tweet der Stadt Dortmund die unterschiedlichen Funktionen der Mitteilungen „Aufgabenerfüllung Gefahrenabwehr" (rechts) und Öffentlichkeitsarbeit *über* die Gefahrenabwehr (links) zu einer Bombenentschärfung.

1.3 Staatliche Öffentlichkeitsarbeit als Rechtsbegriff

Eine Definition zur staatlichen Öffentlichkeitsarbeit lässt sich nicht aus einem Gesetz entnehmen.[4] Es muss somit auf die Rechtsprechung und die Fachliteratur zurückgegriffen werden.

---

[4] Bisher enthalten nur wenige jüngere Gesetze zur Einrichtung einer Behörde die gesonderte Ermächtigung und Beschreibung zur Öffentlichkeitsarbeit.

1 Funktionen und Begriff der staatlichen Öffentlichkeitsarbeit

Die nachfolgende Definition erfolgt in Anlehnung an *Drews*, der „staatliche Öffentlichkeitsarbeit" als Rechtsbegriff herausgearbeitet hat.[5] Staatliche Öffentlichkeitsarbeit liegt dann vor, wenn ein Hoheitsträger der Öffentlichkeit Informationen *über* die Aktivitäten im Zusammenhang mit der Aufgabenerfüllung nahebringt.[6] Merkmal ist, dass die Information der Außen- und Selbstdarstellung mittels Berichterstattung über bevorstehende, aktuelle und vergangene Aktivitäten dient (siehe Abb. 1.1, rechte Spalte).

Merkmale der staatlichen Öffentlichkeitsarbeit:

- der Absender der Informationen handelt staatlich (siehe Kap. 2),
- die Information ist an die Bevölkerung gerichtet,
- die Veröffentlichungen informieren *über* bevorstehende, gerade stattfindende oder vergangene Aktivitäten der Aufgabenerfüllung,
- die Themen der Öffentlichkeitsarbeit sind an die jeweiligen durch Gesetz oder Satzung bestimmten Aufgaben der öffentlichen Einrichtung gebunden (siehe Abschn. 3.1.1.1),
- Inhalte und Aufmachungen der Veröffentlichungen sind an verfassungs- und verwaltungsrechtliche Gebote und Kompetenzen gebunden (siehe Kap. 3).

> **Definition der staatlichen Öffentlichkeitsarbeit**
> Staatliche Öffentlichkeitsarbeit ist die an die Bevölkerung gerichtete Kommunikation eines Hoheitsträgers zur Information über bevorstehende, gerade stattfindende oder vergangene Aktivitäten im Zusammenhang mit der durch Gesetz oder Satzung zugewiesenen Aufgabenerfüllung.

Nicht der Öffentlichkeitsarbeit zuzuordnen sind Verhaltensanweisungen, Warnungen und Appelle. Sie sind Teil der originären staatlichen Aufgabe der jeweiligen Einrichtung, und sie bedürfen einer weitreichenden rechtlichen Legitimation als die Berichterstattung über die Aufgabenerfüllung.

---

[5] Drefs: Öffentlichkeitsarbeit, S. 79 ff.; vgl. auch Dişçi: Grundsatz politischer Neutralität, S. 28.
[6] Vgl. Drefs: Öffentlichkeitsarbeit, S. 79 ff.

Abb. 1.3 Tweet der Polizei mit anordnendem Inhalt

Wie sensibel der Bereich der Verhaltenssteuerung ist, zeigt die Abb. 1.3. eines Tweets der Polizei. Kann die Polizei spekulative Beiträge der Bürger und Bürgerinnen im Rahmen ihrer Aufgaben unterbinden? Ein Eingriff in die Meinungsfreiheit bedarf einer gesetzlichen Ermächtigung. Die Berichterstattung *über* die Aufgabenerfüllung hingegen grundsätzlich nicht.

1.4 Funktionen der staatlichen Öffentlichkeitsarbeit

Außen- und Selbstdarstellung darf nicht verwechselt werden mit Werbung oder dem Versuch, die Bürger für die jeweilige Einrichtung und ihr Handeln einnehmen zu wollen (siehe Abschn. 3.2). Bei der Außen- und Selbstdarstellung staatlichen Handelns geht es auch nicht um die öffentliche Äußerung der Verwaltung „aus bloßer Eitelkeit".[7] Es geht im Kern darum, dass die jeweilige Aufgabenerfüllung mittels Informationen unterstützt und das Gemeinwesen im Dialog mit den Bürgerinnen und Bürgern gestärkt wird.

Innerhalb der Informationen zur Außen- und Selbstdarstellung ist wiederum auf die unterschiedlichen Funktionen der Außendarstellung im Zusammenhang mit der jeweiligen Aufgabe der Behörde abzustellen.

---

[7] Drefs: Öffentlichkeitsarbeit, S. 111.

1 Funktionen und Begriff der staatlichen Öffentlichkeitsarbeit

Damit kann im Einzelfall eingeordnet werden, welche verwaltungs- und verfassungsrechtlichen Gebote für die jeweilige Zielrichtung (Funktion) einzuhalten sind (ausführlich Kap. 3).

1.4.1 Leistungs-, Arbeits- und Erfolgsberichte

Häufig besteht die Zielsetzung der Öffentlichkeitsarbeit einer öffentlichen Einrichtung darin, die Bürger über ihre Arbeit zu informieren. Informiert etwa eine Polizeibehörde über das Ergebnis einer Verkehrskontrolle, so kann dieses als ein Rechenschaftsbericht zur Tätigkeit der Polizei angesehen werden. Gemeinsam ist den Berichten der Verwaltung über Tagungen, Richtfestfeiern zum neuen Verwaltungsgebäude, Vorstellung von Kulturprogrammen, Aktionstage „saubere Gemeinde", den Tag der offenen Tür und ähnlichen Aktivitäten, dass sie nicht zur Erfüllung der Aufgaben veröffentlicht werden. Vielmehr liegt ihr Charakter in der Darstellung von Aktivitäten über die Aufgabenerfüllung.

1.4.2 „Service-Informationen"

In der Gruppe „Außendarstellung" gewinnen die Informationen im Bereich der Leistungsverwaltung an Bedeutung.[8] Unter Leistungsverwaltung ist der Teil der Verwaltung zu verstehen, der für Bürger und andere Rechtsträger im öffentlichen Interesse Leistungen erbringt und Einrichtungen für die Öffentlichkeit bereitstellt.

Es geht um die Inhalte, die bestimmte Leistungen des Staates zur Inanspruchnahme durch Bürgerinnen und Bürger vorstellen und die beschreiben, unter welchen Gegebenheiten die Teilhabe möglich ist. Ohne diese Informationen würde die Leistungsverwaltung „leerlaufen". Denn was dem Bürger nicht bekannt ist, nutzt er auch nicht. Damit erfüllen die „Service-Informationen" eine wichtige Rolle zur Ermöglichung der Ausübung der grundgesetzlich verankerten Teilhaberechte der einzelnen

---

[8] Zur Leistungsverwaltung zählen beispielsweise Schulen, Bibliotheken, Museen, städtische Krankenhäuser und kommunale Verkehrsbetriebe. Die Leistungsverwaltung dient der Daseinsvorsorge.

Bürger.⁹ Handelt es sich um Informationen, die sich mit Aktivitäten der sozialen Absicherung befassen, erfolgt eine Außendarstellung, die der Verwirklichung des Sozialstaatsprinzips dient.

1.4.3 Transparenz und Willensbildung

Das zum Bestand der Demokratie und des Rechtsstaates bedeutsame Informationshandeln der Träger öffentlicher Gewalt liegt in der Herstellung von Transparenz seiner durch das Volk legitimierten Vorhaben und Handlungen. So führen Information und Dialog zur Ermöglichung der Willensbildung der Bürgerinnen und Bürger. Diese Funktion ist besonders bedeutsam für die Öffentlichkeitsarbeit der Kommunen, Bundesländer und der Bundesregierung.¹⁰

Bei der Ermöglichung der Willensbildung geht es nicht um eine verfassungswidrige Beeinflussung der Bürgerinnen und Bürger von „oben nach unten". Gemeint ist das Gegenteil: Es geht um die notwendigen Informationen zur Meinungs- und Willensbildung, die den Bürger erst in die Lage versetzt, sich selbstbestimmt an allen Entscheidungen, die die Allgemeinheit verbindlich betreffen, beteiligen zu können.¹¹ Der Bürger kann dann eigene (Wahl-)Entscheidungen treffen und sich in demokratische Prozesse einbringen, wenn das staatliche Handeln für ihn sichtbar wird und sich nicht im Verborgenen abspielt (ausführlich Abschn. 3.2.1).¹²

Daraus ergibt sich, dass der Staat nicht nur an verfassungsrechtliche Gebote gebundene Öffentlichkeitsarbeit betreiben darf, sondern dieses in bestimmten Fällen muss.¹³ Die Öffentlichkeitsarbeit ist „nicht nur verfassungsrechtlich zulässig, sondern notwendig, um den Grundkonsens im

---

⁹ Drefs: Öffentlichkeitsarbeit, S. 177.
¹⁰ Die vom BVerfG entwickelten Grundsätze zur Öffentlichkeitsarbeit der „Staatsleitung" werden von den Verwaltungsgerichten für die unteren Ebenen übernommen, vgl. BVerwG, Urteil v. 13. September 2017, Az. 10 C 6/16 („Lichter aus") zur Öffentlichkeitsarbeit einer Kommune.
¹¹ Nach Artikel 20 Absatz 2 Satz 1 Grundgesetz geht alle Staatsgewalt vom Volke aus. Die Ausübung staatlichen Handelns muss stets auf den Willen des Volkes zurückzuführen sein. Würde der Staat die Willensbildung „von oben" beeinflussen, würde er gegen das Prinzip der Volkssouveränität verstoßen.
¹² BVerfG, Urteil v. 2. März 1977, Az. 2 BvE 1/76.
¹³ BVerfG, Urteil v. 2. März 1977, Az. 2 BvE 1/76.

1 Funktionen und Begriff der staatlichen Öffentlichkeitsarbeit

demokratischen Gemeinwesen lebendig zu erhalten und die Bürgerinnen und Bürger zur eigenverantwortlichen Mitwirkung an der politischen Willensbildung sowie der Bewältigung vorhandener Probleme zu befähigen."[14]

Vorbildlich formuliert hat den Grundsatz der „Willensbildung von unten nach oben" und des „Einbringens in demokratische Prozesse" der Deutsche Städte- und Gemeindebund (DStGB) in einer Muster-Verwaltungsvorschrift zur Presse- und Öffentlichkeitsarbeit in sozialen Netzwerken.[15]

„Ziel ist eine bürgerorientierte Kommunikation, die insbesondere Ideen und Anregungen von Bürgerinnen und Bürgern vonseiten der Verwaltung aufnimmt und darüber in einen Austausch eintritt."

1.4.4 Akzeptanz belastender Entscheidungen

Ein schmaler Grat verläuft zwischen unzulässiger „vereinnahmender" Öffentlichkeitsarbeit und der Herstellung von Verständnis schwieriger Entscheidungen durch an die Bevölkerung gerichtete Informationen. Unter dem Gesichtspunkt der *Transparenz staatlichen Handelns* kann das vermehrte Ringen um Akzeptanz staatlicher Entscheidungen gerechtfertigt sein.

Bei für die Bevölkerung belastenden Entscheidungen gewährt die Öffentlichkeitsarbeit den Bürgern einen Einblick in den Binnenbereich des Staates. Sie kann dem Staat ein Gesicht verleihen und damit Misstrauen geheimer Machtausübung entgegenwirken. Das bedeutet nicht, dass Öffentlichkeitsarbeit sich anbiedert. Es geht darum, die Beweggründe für unpopuläre Entscheidungen zu erläutern und diese für die Bürger nachvollziehbar zu machen. Auf der Grundlage vertiefender Informationen kann der Bürger dann entscheiden, ob er der Argumentation folgen will oder ob er zu anderen Schlüssen kommt; auch zu dem, dass sein Misstrauen berechtigt ist.[16]

---

[14] BVerfG, Urteil v. 27. Februar 2018, Az. 2 BvE 1/16 („Wanka Urteil").

[15] https://www.dstgb.de/dstgb/Homepage/ Das Muster ist über das Archiv der Website aufzufinden. Stichwort: Social Media Guidelines, zuletzt aufgerufen am 14.02.2020.

[16] Vgl. Drefs: Öffentlichkeitsarbeit, S. 261; BVerfG, Urteil v. 2. März 1977, Az. 2 BvE 1/76.

Je schwerwiegender die Entscheidungen der Exekutive die Bürgerschaft belasten, umso mehr hat Öffentlichkeitsarbeit die Transparenzfunktion zu erfüllen. Eine weitgehende Akzeptanz der Eingriffe in elementare Freiheitsrechte, wie beispielsweise im Zusammenhang mit der „Corona-Krise", setzt voraus, dass die Hintergründe und strategischen Ziele, die zur Entscheidung führen, offen deutlich gemacht werden. Aufgrund der Transparenz können Betroffene entscheiden, ob sie die getroffenen Regelungen begrüßen, tolerieren, diskutieren, kritisieren oder auf dem Rechtsweg dagegen vorgehen.

1.4.5 Externe Personalgewinnung

Auf Grund des demografischen Wandels kommt der Öffentlichkeitsarbeit zur externen Personalgewinnung eine inzwischen wichtige Bedeutung zu. Gemeint ist nicht die klassische Stellenanzeige, sondern die Außen- und Selbstdarstellung der öffentlichen Verwaltung in sozialen Netzwerken und auf Websites als zukünftiger attraktiver Arbeitgeber. Hier dient die Außen- und Selbstdarstellung der sogenannten Bedarfsverwaltung. Diese hat nicht nur dafür zu sorgen, dass Sachmittel für die Durchführung der Aufgaben vorhanden sind, sondern auch das erforderliche Personal.[17] Auch die Bedarfsdeckung ist eine Verwaltungsaufgabe, die grundsätzlich rechtmäßig mittels Öffentlichkeitsarbeit unterstützt werden kann. So wie etwa mit der Berichterstattung der Behörde, die sich auf einer Berufsmesse als Arbeitgeber vorstellt oder mit Interviews Auszubildender (zu den datenschutzrechtlichen Vorgaben siehe Kap. 5).

1.5 Definition Social-Media-Recht

Zur Vervollständigung dieses Kapitels und grundlegend zum Verständnis der nachfolgenden Kapitel sind an dieser Stelle die Begriffe „Social Media" und „Social-Media-Recht" dargestellt.

---

[17] Maurer: Verwaltungsrecht, § 1 Rn. 21.

1 Funktionen und Begriff der staatlichen Öffentlichkeitsarbeit

Social-Media-Recht setzt sich als eine sogenannte Querschnittsmaterie des Rechts aus den gesetzlichen Regelungen verschiedener Rechtsgebiete zusammen. Gemeinsam ist diesen Regelungen, dass sie rechtlich relevantes Handeln in sozialen Netzwerken betreffen.

Der Umstand, dass sich Behörden zur Öffentlichkeitsarbeit der neueren Medien wie der „sozialen Netzwerke" bedienen und diese von privaten Dienstleistern betrieben werden, führt nicht dazu, dass die staatliche Bindung an Recht und Gesetz und die Grundrechtsverpflichtung des Staates aufgehoben sind. Bedient sich die öffentliche Verwaltung bei der Verbreitung ihrer Informationen privater Netzwerkbetreiber wie X (ehemals Twitter) und Facebook, bleiben die Informationen dennoch staatlich. Es gelten die verfassungs- und verwaltungsrechtlichen Grundsätze, die für Handlungen der öffentlichen Verwaltung verbindlich sind. Damit unterliegt das „behördliche Social-Media-Recht" den Grundsätzen zur Gesetzmäßigkeit der Verwaltung, der unmittelbaren Grundrechtsverpflichtung sowie der Orientierung am Gemeinwohl.

Definition Social Media: Social Media sind alle Medien (Plattformen), die Internetnutzer verwenden, um zu kommunizieren. Ein zentrales Merkmal von Social Media ist Interaktivität. Die in diesem Buch beschriebenen Grundsätze zur staatlichen Öffentlichkeitsarbeit gelten auch für klassische Medien wie Pressemitteilungen, Druckerzeugnisse und nicht interaktive Websites der öffentlichen Verwaltung.

Definition Social-Media-Recht der Behörden: Social-Media-Recht der Behörden ist die Summe aller Regelungen unter Einbeziehung von verwaltungs- und verfassungsrechtlichen Grundsätzen, die bei der Kommunikation im Internet gemeinwohlorientiert einzuhalten sind.

> **Ihr Transfer in die Praxis**
>
> Trennen Sie bei der Verfassung von Inhalten zwischen den Bestandteilen, deren Veröffentlichung primäre Aufgaben Ihrer Behörde erfüllen und den Bestandteilen, die lediglich „hinzugefügt" über das Ob, Wie, Wann, Wo und Warum der Aufgabenerfüllung berichten. Dieses ist wichtig, damit die Kompetenzen zur Öffentlichkeitsarbeit und Informationen als eigentliche Aufgabenerfüllung gedanklich getrennt bleiben und sich Inhalte mit verschiedenen Funktionen der Informationen und ihre unterschiedlichen rechtlichen Grundlagen nicht vermischen (siehe Beispiele unter Abschn. 1.1).
>
> Können Sie Ihre Tätigkeit als Außendarstellung und damit als Öffentlichkeitsarbeit einordnen, sollten Sie im zweiten Schritt feststellen, welche Funktion (Abschn. 1.1) die Veröffentlichung zur Außendarstellung der Aktivitäten erfüllen soll.
>
> In der Praxis lassen sich die Funktionen nicht immer deutlich voneinander getrennt in Veröffentlichungen gestalten. Dennoch ist die gedankliche Trennung von Nutzen. Sie erleichtert die Fokussierung auf den Inhalt der Beiträge und bewirkt die Klarheit und Unmissverständlichkeit der Veröffentlichungszusammenhänge.

2

Wer kommuniziert staatlich?

> **Was Sie aus diesem Kapitel mitnehmen**
>
> Sie erhalten einen Überblick zum Aufbau der öffentlichen Verwaltung und erfahren, ob die Öffentlichkeitsarbeit Ihrer Einrichtung entsprechend verfassungs- und verwaltungsrechtlichen Grundsätzen auszurichten ist.

Für die gesamte Staatsgewalt in allen ihren Erscheinungen und allen ihren Äußerungen gilt die Bindung an die Gesetze und an das Recht. Es gibt für die öffentliche Verwaltung als Teil der Staatsgewalt keine rechts- oder auch nur verfassungsfreien Räume.[1] Die Öffentlichkeitsarbeit der Verwaltung findet somit ihre Grenzen in der rechtlichen Zuordnung von Verwaltungsaufgaben der jeweiligen Einrichtung (Kompetenzen), in der Grundrechtsbindung (Abschn. 2.2) sowie in der Verpflichtung zur Einhaltung von Verfassungsgeboten (Abschn. 3.2).

Daher ist von Bedeutung, ob die jeweilige Einrichtung, in der Sie u. a. Social-Media-Arbeit leisten, der öffentlichen Verwaltung an-

---

[1] Maurer: Verwaltungsrecht, § 2 Rn. 13.

© Der/die Autor(en), exklusiv lizenziert an Springer Fachmedien Wiesbaden GmbH, ein Teil von Springer Nature 2025
C. W. Eggers, *Praxis-Guide Social-Media-Recht der öffentlichen Verwaltung*, Quick Guide, https://doi.org/10.1007/978-3-658-46651-0_2

Abb. 2.1 Aufbau der öffentlichen Verwaltung

gehört. Denn hieraus ergibt sich die entscheidende Weichenstellung für die Befugnisse bei der Öffentlichkeitsarbeit. Ist sie der öffentlichen Verwaltung zuzurechnen, besteht die rechtliche Gebundenheit der Öffentlichkeitsarbeit an das Verwaltungs- und Verfassungsrecht. Die Abb. 2.1 zeigt den Aufbau der öffentlichen Verwaltung. Staatliches Verwaltungshandeln liegt auch bei den Organisationen vor, die ihre Aufgaben nicht mit Zwangsmitteln erfüllen, so wie es in der sogenannten Leistungsverwaltung zur Daseinsvorsorge (z. B. staatliche Bibliotheken und Museen) der Fall ist. Und schließlich kann der Staat Angelegenheiten des Gemeinwesens in der Rechtsform des Privatrechts erfüllen (Abschn. 2.2.2).

Da die Handlungsformen der öffentlichen Verwaltung auch in privatrechtlichen Formen erfolgen können, ist es nicht immer eindeutig, ob eine Einrichtung als Bestandteil der öffentlichen Verwaltung einzuordnen ist und die Öffentlichkeitsarbeit damit nach den „Spielregeln" der staatlichen Öffentlichkeitsarbeit ausgeübt werden muss. Aber auch dann, wenn eine Einrichtung der öffentlichen Verwaltung zuzurechnen ist, können sich ausnahmsweise aus einer partiellen Grundrechtsträgerschaft der Einrichtung erweiterte Spielräume zur Öffentlichkeitsarbeit ergeben (siehe Abschn. 3.2).

2.1 Staatlichkeit der Öffentlichkeitsarbeit nach Begriff, Funktionen und Aufbau der Verwaltung

Ob Mitteilungen an die Bevölkerung der öffentlichen Verwaltung zuzurechnen sind und diese damit grundsätzlich staatlich sind, ist nicht immer leicht auszumachen. Nachfolgend erhalten Sie einen Überblick zu den Organisationsformen der Verwaltung. Ist eine Einrichtung der öffentlichen Verwaltung zuzuordnen, ist die Öffentlichkeitsarbeit dieser Einrichtung grundsätzlich nach verwaltungs- und verfassungsrechtlichen Gesichtspunkten zu gestalten.

2.1.1 Einordnung nach dem verwaltungsverfahrensrechtlichen Behördenbegriff

Das Verwaltungsverfahrensgesetz (VwVfG) enthält eine Definition zum Begriff der Behörde. Dieser ist weit gefasst und geht von der Funktion der jeweiligen Stelle aus. § 1 Abs. 4 VwVfG lautet: „Behörde im Sinne dieses Gesetzes ist jede Stelle, die Aufgaben der öffentlichen Verwaltung wahrnimmt." Jede Stelle, die mit einer gewissen Selbstständigkeit ausgestattet ist und für die Erreichung der Zwecke des Staates oder der vom Staat geförderten Zwecke berufen ist, tätig zu sein, ist nach § 1 Abs. 4 VwVfG eine Behörde.

Es liegt daher nahe, die Öffentlichkeitsarbeit dann als staatliche Handlung anzusehen, wenn sie unter den Behördenbegriff des Verwaltungsverfahrensgesetzes fällt. Im Ergebnis zur Einordnung der Staatlichkeit ist dieses auch weitgehend richtig. Jedoch kann das Ergebnis der Einordnung rechtlich nicht über das Verwaltungsverfahrensrecht begründet werden. Denn § 9 VwVfG beschränkt die Anwendung des Verwaltungsverfahrens „auf die Prüfung der Voraussetzungen, die Vorbereitung und den Erlass eines Verwaltungsaktes oder auf den Abschluss eines öffentlich-rechtlichen Vertrags". Der rechtliche Charakter (die „Rechtsnatur") der Öffentlichkeitsarbeit ist jedoch das sogenannte „schlichte Verwaltungshandeln" (siehe Abschn. 3.1.1.1). Auf diese Handlungen, die auch als Realakte bezeichnet werden, ist das Verwaltungsverfahrensgesetz grundsätzlich nicht anwendbar. Dennoch besteht eine Vermutung für öffentlich-rechtliches Handeln, wenn der Absender der Öffentlichkeitsarbeit berufen ist, Funktionen der öffentlichen Verwaltung wahrzunehmen.

2.1.2 Einordnung nach der Funktion der Verwaltung

Eine Hilfe zur Einordnung der Öffentlichkeitsarbeit als staatliche Handlung ergibt sich aus der Funktion und den Tätigkeitsbereichen der jeweiligen Einrichtung. Die Abb. 2.2 zeigt Ihnen die Tätigkeitsfelder der öffentlichen Verwaltung. Ist eine Einrichtung Teil des Verwaltungsapparates und verbreitet diese Einrichtung an die Bevölkerung gerichtete Informationen, sind diese Handlungen als staatliche Tätigkeit einzustufen.

Unter den weiten funktionalen Begriff „öffentliche Verwaltung" fallen alle Aufgabenerfüllungen in Angelegenheiten des Gemeinwesens. Entscheidend ist, ob die Einrichtung der „Sozialgestaltung" ausgerichtet am öffentlichen Interesse dient.[2] Behörde ist danach jede Stelle, „die Aufgaben der öffentlichen Verwaltung" wahrnimmt. Nach dem funktionalen Behördenbegriff sind Behörden „ohne Rücksicht auf die konkrete Bezeichnung alle vom Wechsel der in ihnen tätigen Personen unabhängigen, mit hinreichender organisatorischer Selbstständigkeit ausgestatteten Einrichtungen, denen Aufgaben der öffentlichen Verwaltung und entsprechende Zuständigkeiten zur eigenverantwortlichen Wahrnehmung, d. h. zum Handeln mit Außenwirkung in eigener Zuständigkeit und im eigenen Namen übertragen sind."[3]

---

[2] Maurer: Verwaltungsrecht, § 1 Rn. 10.
[3] VG Köln, Urteil v. 05. März 2013, Az. 14 K 1333/12.

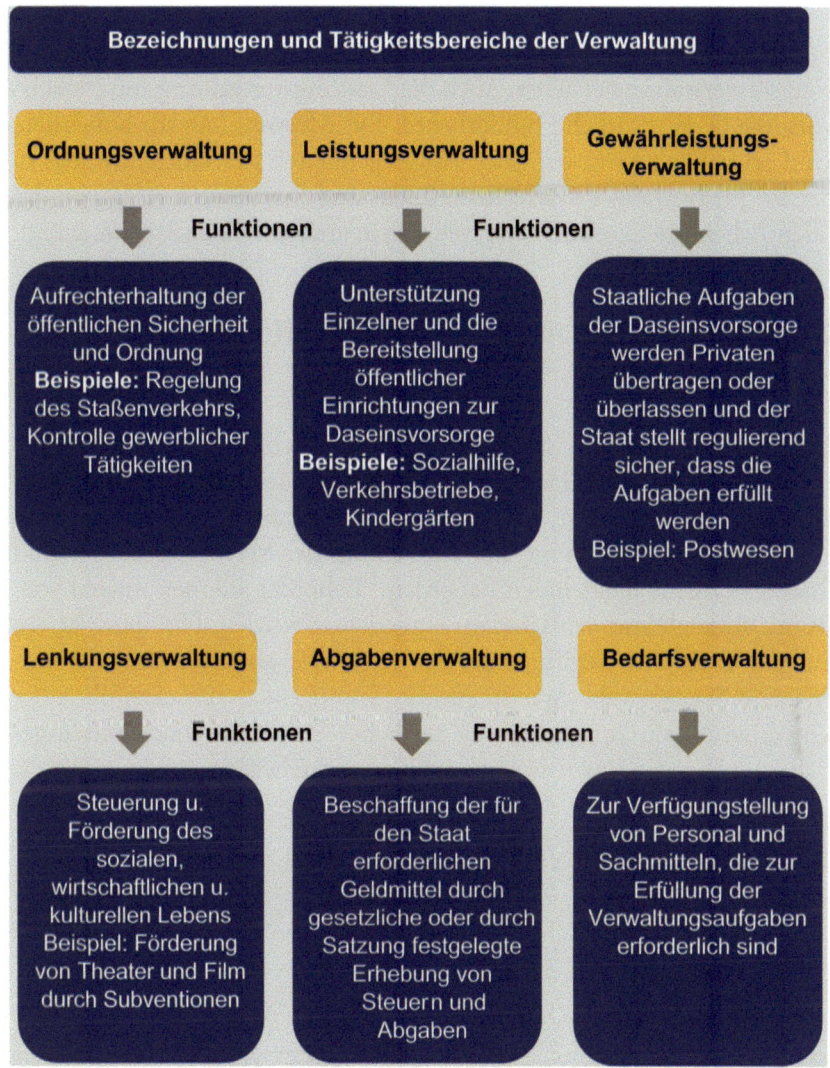

Abb. 2.2 Tätigkeitsfelder der Verwaltung

Staatliches Verwaltungshandeln liegt danach auch bei den Organisationen vor, die ihre Aufgaben nicht mit Zwangsmitteln als sogenannte Eingriffsverwaltung erfüllen. Auch die Leistungsverwaltung zur Daseinsvorsorge (z. B. staatliche Bibliotheken und Museen) handelt hoheitlich. Und schließlich kann der Staat Angelegenheiten des Gemeinwesens in der Rechtsform des Privatrechts erfüllen und hierzu auch Aufgaben des öffentlichen Interesses auf Unternehmen übertragen (siehe Abschn. 2.2.2).

2.1.3 Einordnung nach Aufbau der öffentlichen Verwaltung

Eine Einordnung der Tätigkeit der Öffentlichkeitsarbeit einer Einrichtung als staatliches Handeln ergibt sich aus dem Aufbau der öffentlichen Verwaltung. Dieser basiert auf der staatlichen Organisationsgewalt zur Errichtung, Änderung und Aufhebung der Verwaltungsträger und ihrer als Organe handelnden Behörden.[4] Behörden können sowohl vom Bund, als auch von den Ländern eingerichtet werden. Hierunter ist ein auf die rechtliche Legitimation der Exekutive als die vom Volk ausgehende Staatsgewalt (Art. 20 Abs. 2 Grundgesetz) zurückzuführender Organisationsakt zur „Schaffung amtlicher Stellen mit nach außen gerichteten Verwaltungszuständigkeiten" zu verstehen.[5]

---

[4] Maurer: Verwaltungsrecht, § 21 Rn. 57 ff.
[5] Vgl. Wolff in: Höming/Wolff, Art. 84 Rn. 3.

Übersicht zur organisierten Verwaltung als juristische Personen des öffentlichen Rechts

Die Organisationsformen der Verwaltung sind vielfältig. Besteht die Verwaltung als juristische Person des öffentlichen Rechts, kommen nachfolgende Erscheinungsformen in Betracht:

- Körperschaften des öffentlichen Rechts sind mitgliedschaftlich verfasste Organisationen, die vom Wechsel der Mitglieder unabhängig sind. Beispiele hierfür sind der Bund, die Länder, die Gemeinden, die staatlichen Universitäten sowie Ärzte- und Handwerkskammern.
- Anstalten sind mit Personal und Sachmitteln ausgestattete Organisationen. Sie haben keine Mitglieder, sondern nur Nutzer. Hierzu zählen etwa die öffentlich-rechtlichen Rundfunkanstalten, die Sparkassen und die Studentenwerke.
- Öffentlich-rechtliche Stiftungen sind in das System der staatlichen Verwaltung eingegliedert und erfüllen öffentliche Aufgaben. Sie sind Teil der mittelbaren Staatsverwaltung. Sie haben weder Mitglieder noch Benutzer, sondern nur Nutznießer.
- Die sogenannten Beliehenen sind natürliche oder juristische Personen des Privatrechts, denen der Staat hoheitliche Befugnisse übertragen hat, bestimmte Verwaltungskompetenzen im eigenen Namen und in eigener Verantwortung auszuüben. Auch Beliehene sind Verwaltungsträger und gehören zur mittelbaren Staatsverwaltung. Beispiele: technische Überwachungsvereine (TÜV) und bevollmächtigte Bezirksschornsteinfeger.

In den hier aufgezählten Fällen der öffentlichen Verwaltung als juristische Personen des öffentlichen Rechts ist die Öffentlichkeitsarbeit grundsätzlich an Verwaltungs- und Verfassungsgrundsätze gebunden.

In der Regel werden Behörden auf Grund eines Gesetzes eingerichtet, welches zugleich auch die Aufgaben der jeweiligen Behörde bestimmt. Aus dem Gesetz ergibt sich die Zuständigkeit der Behörde für ihre Sachbereiche und damit auch für den Spielraum „zulässiger Thematiken" der an die Bevölkerung gerichteten Informationen zur Öffentlichkeitsarbeit (Abschn. 3.1.1.2).

2.2 Öffentlichkeitsarbeit und Grundrechtsverpflichtung

Für den Gestaltungsspielraum der Öffentlichkeitsarbeit ist wesentlich, ob sie sich auf grundrechtliche Kommunikationsrechte stützen lässt und damit beliebig erfolgen kann oder ob sie nach verwaltungs- und verfassungsrechtlichen Grundsätzen erfolgen muss. Damit rückt zur Beurteilung der Gestaltungsspielräume die Grundrechtsverpflichtung der jeweiligen Einrichtung in den Mittelpunkt.

Grundrechte sind zunächst Abwehrrechte des Bürgers gegen staatliche Eingriffe und sie sollen gerade nicht staatliches Handeln legitimieren. Der Staat ist zur Beachtung der Grundrechte der Bürger verpflichtet.[6] So kann sich der Staat nicht auf grundrechtliche Kommunikationsrechte berufen, wenn er beispielsweise unerwünschte Meinungen bekämpfen will. Andernfalls würden die Grundrechte den Bürgern keine Freiheiten vom Staat zusichern, sondern dem Staat nur neue Eingriffsbefugnisse gegenüber den Bürgern verschaffen.

Besteht also die Grundrechtsverpflichtung der Einrichtung, kann sie sich bei ihrer Öffentlichkeitsarbeit nicht gleichzeitig auf die grundrechtliche Meinungsfreiheit stützen und wie die Privaten agieren (Abschn. 2.3). Veröffentlichungen sind dann, obwohl sie von privatrechtlich organisierten Stellen stammen, verwaltungs- und verfassungsrechtlichen Regelungen unterworfen, wenn die veröffentlichende Einrichtung grundrechtsverpflichtet ist.

Die Grundrechtsverpflichtung und damit entfallende Grundrechtsträgerschaft ist durch die Vielfältigkeit der Organisationsformen der öffentlichen Verwaltung nicht immer sichtbar. Insbesondere dann, wenn die öffentliche Verwaltung privatrechtlich organisiert ist oder ausnahmsweise in bestimmten Bereichen eine Grundrechtsträgerschaft der Einrichtung besteht (Abschn. 2.3).

Hintergrund zur Grundrechtsbindung der privatrechtlich organisierten öffentlichen Verwaltung
Grundrechtsverpflichtung bedeutet zunächst, dass der Staat sich bei seinen Handlungen an den Grundrechten orientiert und sie schützt. Es soll dem Staat

---

[6] Art. 1 Abs. 3 GG: „Die nachfolgenden Grundrechte binden Gesetzgebung, vollziehende Gewalt und Rechtsprechung als unmittelbar geltendes Recht."

auch nicht erlaubt sein, sich bei seiner Aufgabenerfüllung „in das Privatrecht zu flüchten", wenn er, was im Bereich der Daseinsvorsorge häufig ist, die Aufgabenerfüllung privatrechtlich organisiert. Denn Träger öffentlicher Gewalt können vorbehaltlich besonderer rechtlicher Vorgaben ihre Aufgaben auch mit den Mitteln des Privatrechts erfüllen; sie handeln dabei jedoch stets „in Wahrnehmung ihres dem Gemeinwohl verpflichteten Auftrags". Daher hängt ihre unmittelbare Bindung an die Grundrechte weder von der Handlungsform noch von der Organisationsform ab, in der die öffentliche Verwaltung dem Bürger gegenübertritt. Die Grundrechtsbindung „umfasst daher auch juristische Personen des Privatrechts, soweit sie von der öffentlichen Hand beherrscht werden".[7]

„Wenn die Grundrechte das Verhältnis des Einzelnen zur öffentlichen Gewalt betreffen, so ist es damit unvereinbar, den Staat selbst zum Teilhaber und Nutznießer der Grundrechte zu machen; er kann nicht gleichzeitig Adressat und Berechtigter der Grundrechte sein."[8] Auch bei selbstständigen Organisationseinheiten handele es sich, vom Menschen und Bürger als dem ursprünglichen Inhaber der Grundrechte hergesehen, jeweils nur um eine besondere Erscheinungsform der einheitlichen Staatsgewalt.[9] Daraus folgt, dass Unternehmen der öffentlichen Hand bei der Öffentlichkeitsarbeit nicht die grundrechtlichen Kommunikationsrechte (Art. 5 Grundgesetz in Verbindung mit Art. 19 Abs. 3 Grundgesetz)[10] zur Seite stehen können, wie den rein privaten Unternehmen. Für Bürger und andere Rechtsträger folgt daraus, dass diese sich bei Rechtsverletzungen unmittelbar auf ihre Grundrechte zur Abwehr staatlicher Eingriffe berufen können, ohne dass es der Verwaltung möglich ist, eigene Grundrechte zur Rechtfertigung anzuführen.

Ausnahmen von der Grundrechtsverpflichtung bei der Öffentlichkeitsarbeit der öffentlichen Verwaltung bestehen nur in wenigen Fällen, wie etwa bei den Hochschulen, den Rundfunkanstalten und den körperschaftlich organisierten Verbänden, die zur wirtschaftlichen Interessenvertretung ihrer Mitglieder auf die Meinungsfreiheit angewiesen sind. In diesen wenigen Fällen kann sich die Öffentlichkeitsarbeit auf erweiterte Freiheiten grundrechtlich geschützter Positionen stützen (siehe Abschn. 2.3).

---

[7] BVerfG, Beschluss v. 21. Februar 2019, Az. 2 BvR 2456/18.
[8] „Konfusionsargument" des Bundesverfassungsgerichts.
[9] BVerfG, Urteil v. 06. Dezember 2016, Az. BvR 2821/11. Mit zahlreichen Nachweisen zur ständigen Rechtsprechung.
[10] Art. 19 Abs. 3 GG: „Die Grundrechte gelten auch für inländische juristische Personen, soweit sie ihrem Wesen nach auf diese anwendbar sind."

2.2.1 Keine Presse- und Meinungsfreiheit der Redaktionen

Die Öffentlichkeitsarbeit der öffentlichen Verwaltung ist zumeist in sogenannten Stabsstellen oder als Abteilung der jeweiligen Einrichtung als ein Teil der öffentlichen Verwaltung eingegliedert. Die Betätigung bleibt auch dann öffentlich-rechtlich, wenn sie beispielsweise einer Agentur übertragen wird oder in privatrechtlicher Form, etwa als GmbH, ausgegliedert wird (ausführlich siehe Abschn. 2.2.2).

2.2.1.1 Keine Pressefreiheit bei der staatlichen Öffentlichkeitsarbeit

Pressestellen und Abteilungen zur Öffentlichkeitsarbeit staatlicher Einrichtungen können sich bei ihrer Tätigkeit nicht auf die Pressefreiheit (Art. 5 Abs. 1 Satz 2 Fall 1 Grundgesetz) berufen. Denn das Grundrecht zur Pressefreiheit verpflichtet den Staat und berechtigt ihn nicht. Das Gleiche gilt für privatrechtlich organisierte Unternehmen, deren Anteile überwiegend in öffentlich-rechtlicher Hand stehen (siehe auch Abschn. 2.2.2.3).[11] Daraus folgt auch, dass die Öffentlichkeitsarbeit staatlicher Stellen sich grundsätzlich nicht über das sogenannte Medienprivileg auf Lockerungen datenschutzrechtlicher Verpflichtungen stützen kann (siehe Kap. 5).

2.2.1.2 Keine Meinungsfreiheit in amtlicher Tätigkeit

Mitarbeitende der staatlichen Öffentlichkeitsarbeit sind Beschäftigte des öffentlichen Dienstes. Hierzu gehören die Beamten und nicht beamteten Arbeitnehmer der öffentlichen Verwaltung in allen ihren Organisationsformen.

Selbstverständlich sind Mitarbeitende der öffentlichen Verwaltung als Person Träger des Grundrechts der Meinungsfreiheit (Art. 5 Abs. 1 Grundgesetz). Dennoch sind die Mitarbeitenden bei Äußerungen mit Amtsbezug in Ausübung des Amtes an den Aufgaben- und Zuständig-

---

[11] Rupp: Schutzpflicht des Staates, S. 164.

keitsbereich ihrer Behörde gebunden.[12] Unzulässig sind damit „dienstliche" Äußerungen, mit denen der Amtsträger seinen Zuständigkeitsbereich verlässt (siehe Abschn. 3.1.1.2).

Aber auch innerhalb des Zuständigkeitsbereichs besteht keine Beliebigkeit. Denn auch bei der Öffentlichkeitsarbeit als sogenanntes schlichtes Verwaltungshandeln (siehe Abschn. 3.1.1) sind die staatlichen Akteure nach Art. 20 Abs. 3 an Gesetz und Recht sowie nach Art. 1 Abs. 3 Grundgesetz an die Grundrechte gebunden.

Die Grundrechte des einzelnen Mitarbeitenden kollidieren mit der verfassungsrechtlich gebotenen Einhaltung von Zuständigkeit, Sachlichkeit und Neutralität. Mitarbeitende der staatlichen Öffentlichkeitsarbeit sind damit beauftragt, die verwaltungs- und verfassungsrechtlichen Gebote bei der staatlichen Öffentlichkeitsarbeit zu verwirklichen und nicht auf Grund ihrer individuellen Meinungsfreiheit zu handeln. Abzustellen ist bei der Öffentlichkeitsarbeit daher nicht auf die individuelle Meinungsfreiheit der Mitarbeitenden, sondern auf die Grundrechtsverpflichtung der öffentlichen Verwaltung.

2.2.2 Öffentlichkeitsarbeit privatrechtlich organisierter öffentlicher Verwaltung

Auch privatrechtlich organisierte Einrichtungen mit Verwaltungsaufgaben sind durch das Rechtsstaatsprinzip (Art. 1 Abs. 3 und Art. 20 Abs. 3 Grundgesetz) grundrechtsverpflichtet und an den Grundsatz zur Gesetzmäßigkeit der Verwaltung gebunden. Somit muss auch die Informationspraxis dieser Einrichtungen entsprechend verfassungs- und verwaltungsrechtlicher Grundsätze erfolgen. Denn Zuständigkeitsordnungen und allgemeine Verfassungs- und Verwaltungsgrundsätze gelten auch für privatrechtliche Organisationen, mittels derer der Staat seine Aufgaben zur Aufgabenerfüllung in Angelegenheiten des Gemeinwesens wahrnimmt.[13]

„Für öffentliche Unternehmen in Privatrechtsform, die vollständig im Eigentum der öffentlichen Hand stehen, ist anerkannt, dass die Grund-

---

[12] Deutscher Bundestag: Politische Äußerungen, WD 3 – 3000 – 074/18, Seite 4.
[13] Maurer: Verwaltungsrecht, § 3 Rn. 26 ff.

rechtsbindung nicht nur den oder die Träger des jeweiligen Unternehmens trifft, sondern das Unternehmen selbst".[14] Grundsätzlich besteht mit der Grundrechtsbindung für die privatrechtlich organisierte Verwaltung dann nicht die Möglichkeit, sich selbst bei der Öffentlichkeitsarbeit auf grundrechtliche Kommunikationsrechte zu berufen.[15] Verletzt eine Mitteilung grundrechtlich geschützte Rechtspositionen des Bürgers, kann es sich gegenüber der privatrechtlich organisierten Verwaltung ebenso wie gegenüber der öffentlich-rechtlich organisierten Verwaltung im Rechtsstreit *unmittelbar* auf seine Grundrechte berufen.

> **Beispiel 1: Grundrechtsverpflichtung und Äußerungsrecht**
> Auf Twitter veröffentlichte die Umweltpolitikerin Greta Thunberg ein Foto, welches sie auf der Rückreise vom Klimagipfel 2019 zwischen Gepäck im Gang eines ICE sitzend zeigte. Dazu teilte sie mit: „Traveling on overcrowded trains through Germany. And I'm finally on my way home!".
> Die Presseabteilung der Deutschen Bahn AG antwortete auf Twitter: „Noch schöner wäre es gewesen, wenn Du zusätzlich auch berichtet hättest, wie freundlich und kompetent Du von unserem Team an Deinem Sitzplatz in der Ersten Klasse betreut worden bist."
> Die Frage, ob die Bahn AG grundrechtsverpflichtet oder ob sie Träger von Grundrechten ist, berührt hier zwei für die Öffentlichkeitsarbeit relevante Bereiche: Zum einen das verfassungsrechtliche Sachlichkeitsgebot (Abschn. 3.2.5) und zum anderen das Datenschutzrecht (Kap. 5).
> **Sachlichkeitsgebot:** Ein von Staat beherrschtes staatliches Unternehmen ist nach der Rechtsprechung und der herrschenden Meinung der Literatur grundsätzlich nicht Träger von Grundrechten, sondern grundrechtsverpflichtet.[16]
> Ein vom Staat beherrschtes Unternehmen kann sich damit nicht auf das meinungsfreiheitliche Äußerungsrecht nach Art. 5 GG in Verbindung mit Art. 19 Abs. 3 Grundgesetz bei der Verteidigung gegen vermeintlich unwahre Tatsachenbehauptungen berufen. Die Kommunikation muss im bedeutend engeren Rahmen der öffentlich-rechtlichen Maßstäbe zur staatlichen Öffentlichkeitsarbeit stattfinden. Dabei gilt das Sachlichkeitsgebot mit seinem Erfordernis zur Richtigkeit der Mitteilung. Insbesondere auch, weil Greta

---

[14] BVerfG, Urteil v. 22. Februar 2011, Az. 1 BvR 699/06.
[15] Jedoch ist einzubeziehen, dass Einrichtungen zur Daseinsvorsorge auch die Aufgabe haben können, zu ihrer Refinanzierung beizutragen. Damit öffnet sich ein erweiterter Spielraum für die Öffentlichkeitsarbeit an der Schnittstelle zum Marketing.
[16] Vgl. Bundesverfassungsgericht zur Grundrechtsverpflichtung der Bahn AG; BVerfG, Urteil v. 07. November 2017, Az. 2 BvE 2/11.

Thunberg mit der öffentlichen Antwort indirekt unterstellt wurde, sie habe das mangelnde Platzangebot der Bahn erfunden, um sich fotogen in Szene zu setzen, liegt ein Verstoß gegen das Sachlichkeitsgebot nahe.

Datenschutzrecht: Soweit ein Eingriff in das Recht auf informationelle Selbstbestimmung durch den Inhalt der an die Öffentlichkeit gerichteten Mitteilung besteht, bedarf es hierzu einer Rechtsgrundlage entsprechend der Datenschutzgesetze. Die Bahn AG könnte sich bei der Verbreitung der personenbezogenen Daten („Sitzplatz in der ersten Klasse") im Rahmen der Kommunikation zur Öffentlichkeitsarbeit auf „berechtigte Interessen" berufen.[17]

Die Bahn AG hat zwar eine eigene Rechtspersönlichkeit, jedoch kann sie sich bei der Verteidigung gegen vermeintlich unwahre Tatsachenbehauptungen von Fahrgästen bezüglich eines unzureichenden Services nicht wie Private auf grundrechtlich geschützte Interessen berufen. Zur Verteidigung der „Unternehmensehre" stehen der Bahn AG damit nicht die grundrechtlich geschützten Interessen zur Ausübung der Kommunikationsrechte zur Verfügung, die den Eingriff in das Recht auf informationelle Selbstbestimmung rechtfertigen könnten.

Beispiel 2: Grundrechtsverpflichtung und Auskunftsansprüche

Eine Gemeinde betreibt ein Schwimmbad in privatrechtlicher Form als GmbH. Nach einem Chlorgasunfall im Hallenbad verlangen Journalisten Auskunft über die Ursachen und den Hergang des Unfalles von der Gemeinde. Diese ist zur „gleichheitskonformen Auskunft" (Art. 3 Abs. 1 Grundgesetz) verpflichtet. Während ein rein privat betriebenes Schwimmbad völlig frei darin ist, ob es und welchen Journalisten es Auskunft erteilt, bewirkt die Grundrechtsverpflichtung, dass auf Grund des Presserechts und des Gebots der Gleichbehandlung aus Art. 3 Grundgesetz grundsätzlich allen anfragenden Journalisten Auskunft erteilt wird.[18] Zum presserechtlichen Auskunftsanspruch siehe Kap. 6.

Staatliche Öffentlichkeitsarbeit betreiben, wie nachfolgend dargelegt, auch die große Gruppe der privatwirtschaftlich organisierten Unternehmen der Daseinsvorsorge sowie die sogenannten „beliehenen Unternehmer".

---

[17] § 2 Abs. 5 Bundesdatenschutzgesetz behandelt öffentliche Stellen des Bundes, die am Wettbewerb teilnehmen datenschutzrechtlich wie private Unternehmen. Das für öffentliche Stellen vorgesehene „öffentliche Interesse" als Rechtsgrundlage scheide danach für die Bahn AG aus, während diese Rechtsgrundlage für kommunale Nahverkehrsbetriebe wiederum gelten solle. Vgl. Buchner und Petri in: Kühling/Buchner, Art. 6 Rn. 128.
[18] Fechner: Medienrecht, S. 18.

2.2.2.1 Öffentlichkeitsarbeit der „beliehenen Unternehmer"

Überträgt der Staat natürlichen oder bestehenden juristischen Privatpersonen (etwa einer GmbH) hoheitliche Befugnisse, werden diese als „beliehene Unternehmen" bezeichnet. Diese Befugnisse bestehen aufgrund eines öffentlich-rechtlichen Auftragsverhältnisses. „Beliehene" sind selbstständig im eigenen Namen tätig und gehören zur öffentlichen Verwaltung. Sie handeln in „Ausübung eines ihnen anvertrauten öffentlichen Amtes, nämlich in Wahrnehmung der ihnen übertragenen öffentlichen Aufgaben unter Einsatz hoheitlicher Befugnisse."[19] Beispiele hierfür sind der Technische Überwachungsverein und die Bezirksschornsteinfeger. Sie handeln rechtlich selbstständig und eigenverantwortlich als Teil der mittelbaren Staatsverwaltung (siehe Abb. 2.1).

Die hoheitlichen Befugnisse „beliehener Unternehmer" müssen per Gesetz übertragen und geregelt sein.[20] Die Öffentlichkeitsarbeit der Beliehenen ist als staatliche Tätigkeit anzusehen, wenn sie im thematischen Zusammenhang mit der vom Staat übertragenen Aufgabenerfüllung steht.

2.2.2.2 Öffentlichkeitsarbeit in Unternehmen zur Daseinsvorsorge

Werden im Bereich der Daseinsvorsorge juristische Personen des Privatrechts (zum Beispiel eine Stadtwerke AG oder eine Krankenhaus GmbH) eingesetzt, bleiben auch diese (wie auch der beliehene Unternehmer) rechtlich selbstständig, aber an den öffentlich-rechtlichen Träger (zumeist Gemeinden) gebunden.

Die organisatorische Einordnung als öffentliche Einrichtung in die öffentliche Verwaltung erfolgt durch sogenannte Widmungen in Form von Satzungen, Verwaltungsakten oder aber auch ganz einfach durch ständige tatsächliche Handhabung als Einrichtung, die durch die Bevölkerung genutzt werden kann (siehe Kap. 4 „Foren und Social-Media-Accounts als virtuelle öffentliche Einrichtung"). Auch die Öffentlichkeitsarbeit der

---

[19] BVerwG, Urteil v. 26. August 2010, Az. 3 C 35.09.
[20] BVerwG, Urteil v. 26. August 2010, Az. 3 C 35.09.

privatrechtlich organisierten Daseinsvorsorge ist als staatlich einzuordnen. Die Themen der Öffentlichkeitsarbeit ergeben sich dabei aus dem Widmungszweck.

2.2.2.3 Öffentlichkeitsarbeit unter Beteiligung privater Anteilseigner

Unterschiedlich beurteilt wird die Frage zur Grundrechtsverpflichtung bei privatrechtlich organisierter Verwaltung zur Daseinsvorsorge mit privaten Mitbewerbern. So wie beispielsweise bei der von einer Gemeinde errichteten Wasserwerk GmbH oder einer von der Stadt geschaffenen Krankenhaus AG unter Beteiligung privater Anteilseigner.

Nach der Rechtsprechung soll auch für Unternehmen der Daseinsvorsorge, die sowohl in öffentlicher Hand als auch unter Beteiligung privater Anteilseigner betrieben werden, eine Grundrechtsbindung vorliegen und damit in der Umkehrung nach dem „Konfusionsargument"[21] keine Grundrechtsträgerschaft der Einrichtung bestehen, wenn der Staat maßgeblichen Einfluss auf das Unternehmen hat. Das ist in der Regel der Fall, wenn mehr als die Hälfte des „gemischtwirtschaftlichen Unternehmens in Privatrechtsform" im Eigentum der öffentlichen Hand stehen.[22] Auch in diesen Konstellationen ist daher die Öffentlichkeitsarbeit nach Maßstäben des Verwaltungs- und Verfassungsrechts auszugestalten.

2.2.3 Öffentlichkeitsarbeit der Kommunen

Gebietskörperschaften sind ebenfalls nicht Träger von Grundrechten.[23] Die Öffentlichkeitsarbeit der Gemeinden kann daher auch nicht über grundrechtliche Kommunikationsrechte legitimiert werden.

Auch aus der Selbstverwaltungsgarantie (Art. 28 Abs. 2 Grundgesetz) der Gemeinden besteht keine Lockerung von den Grundsätzen

---

[21] Siehe „Hintergrund zur privatrechtlich organisierten öffentlichen Verwaltung".
[22] BVerfG, Urteil v. 22. 02. 2011, Az. 1 BvR 699/06; Antoni in: Höming/Wolf, Art. 1 Rn. 22.
[23] BVerfG, Beschluss v. 07. Juni 1977, Az. 1 BvR 108, 424/73; BVerfG, Beschluss vom 08. Juli 1982, Az. 2 BvR 1187/80.

zur staatlichen Öffentlichkeitsarbeit. Art. 28 Abs. 2 Satz 1 Grundgesetz ist nur eine Institutsgarantie gegenüber anderen Hoheitsträgern. Sie verschafft den Gemeinden keine grundrechtlich geschützten Positionen,[24] aus denen ein Recht zur beliebigen Öffentlichkeitsarbeit abzuleiten ist. Es gilt die thematische Bindung der Öffentlichkeitsarbeit an die Aufgabe der Gebietskörperschaft unter Einhaltung der verfassungsrechtlichen Gebote zur Öffentlichkeitsarbeit (ausführlich Abschn. 3.2).[25]

> **Merksatz zur Staatsferne der Presse und kommunaler Publikationen**
>
> Je stärker eine kommunale Publikation den Rahmen der Aufgabenbezogenheit überschreitet und bei den Leserinnen und Lesern durch Aufmachung und Inhalt den Eindruck einer Pressetätigkeit erweckt, desto eher ist die Garantie des Instituts der freien Presse aus Art. 5 Abs. 1 Satz 2 Grundgesetz gefährdet und die daraus abgeleitete Marktverhaltensregelung des Gebots der Staatsferne der Presse verletzt.[26]

Ebenso kann aus den Gemeindeordnungen der Länder kein Recht auf eine Öffentlichkeitsarbeit hergeleitet werden, die sich thematisch mit örtlichen Institutionen der Zivilgesellschaft, den Vereinen, den Kirchen und der Wirtschaft befasst.[27] Vielmehr begrenzt das Gebot zur Informationstätigkeit der einzelnen Gemeindeordnungen die inhaltliche Berichterstattungskompetenz auf das staatliche Handeln der Gemeinde.[28] In einem bescheidenen Rahmen sind hierbei Anzeigenschaltungen als „fiskalisch motivierter Randnutzen" zulässig.[29]

---

[24] BVerwG, Urteil v. 14. Dezember 1990, Az. C 37.89; BGH, Urteil v. 20. Dezember 2018, Az. I ZR 112/17 („Crailsheimer Stadtblatt II").
[25] OLG Stuttgart Urteil v. 03. Mai 2017, Az. 4 U 160/16.
[26] Vgl. BGH, Urteil v. 20. Dezember 2018, Az. I ZR 112/17 („Crailsheimer Stadtblatt II").
[27] OLG Stuttgart, Urteil v. 03. Mai 2017, Az. 4 U 160/16 („kostenloses Stadtblatt") bestätigt durch BGH, Urteil v. 20. Dezember 2018, Az. I ZR 112/17 „Crailsheimer Stadtblatt II".
[28] Gemeindeordnungen enthalten meist gleichlautend eine Informationspflicht für „alle wichtigen Planungen und Vorhaben der Gemeinde".
[29] BGH, Urteil v. 20. Dezember 2018, Az. I ZR 112/17.

> **Beispiel zur Berichterstattungskompetenz einer Kommune**
>
> **Beispiel 1:** Im Amtsblatt einer Gemeinde befinden sich zahlreiche presseähnlich aufgemachte Artikel ohne Bezug zur kommunalen Aufgabe. Ein Artikel (Fotos und Text) befasst sich mit einem Fußballspiel des örtlichen Fußballvereins. Der Artikel ist unzulässig, da er keinen Bezug zur öffentlich-rechtlichen Aufgabenerfüllung der Gemeinde hat.[30]
> **Beispiel 2:** Im selben Amtsblatt (Beispiel 1) befindet sich ein Bericht mit Fotos über die Landesgartenschau. Der Artikel ist dann legitimiert, wenn die herausgebende Gemeinde (Mit-)Ausrichter der Gartenschau ist. Damit besteht der geforderte Bezug zur kommunalen (hoheitlichen) Tätigkeit.
> **Beispiel 3:** Die Stadt D. unterhält ein Internet-Stadtportal und berichtet tatsächlich und laut Selbstdarstellung der Redaktion „umfassend mit journalistischem Know-how in Wort und Bild. Markenzeichen der Redaktion ist die vertiefende Berichterstattung mit Bebilderung rund um alle Themen wie etwa Politik, Sport, Wirtschaft, Kultur, Freizeit. Die schnelle Nachricht, der verständliche Bericht, der Newsticker zu speziellen Anlässen gehören genauso zum Repertoire wie Interviews mit den Einwohnern." Das Landgericht Dortmund hat die Rechtsprechung des Bundesgerichtshofs („Crailsheimer Stadtblatt II") zu zeitungsmäßig aufgemachten Druckwerken für Internet-Publikationen in Stadtportalen übernommen[31] und damit die Ausweitung der Berichterstattung auf fremdbezogene Themen für unzulässig erklärt. „Nach dem Dafürhalten der Kammer gelten die vom Bundesgerichtshof dort aufgestellten Grundsätze auch für die Öffentlichkeitsarbeit der Gemeinden im Internet."[32]

2.2.4 Stadtmarketing der Kommunen

Anders als die „amtliche" Öffentlichkeitsarbeit, zielt das Stadtmarketing der Kommunen (Gebietskörperschaften) auf die Herstellung eines positiven Image der Kommune als Wirtschaftsstandort ab. „Das Stadtmarketing ist ein wichtiges Instrument zur Vermarktung einer Stadt und basiert auf der Philosophie der Kundenorientierung. Es dient der nachhaltigen Sicherung und Steigerung der Lebensqualität der Bürger und

---

[30] Vgl. OLG Stuttgart, Urteil v. 03. Mai 2017, Az. 4 U 160/16 mit zahlreichen Beispielen unzulässiger Berichterstattung in einem kommunalen Amtsblatt.
[31] BGH, Urteil v. 20. Dezember 2018, Az. I ZR 112/17.
[32] LG Dortmund, Urteil v. 08. November 2019, Az. 3 O 262/17.

der Attraktivität der Stadt im Standortwettbewerb."[33] Dabei ist Gegenstand der Veröffentlichungen die Herausstellung von Unternehmen, Hotels, Gastronomie und Veranstaltungen. „Die sozialen Netzwerk-Seiten versorgen die Nutzer mit aktuellen Informationen rund um die Stadt und geben Tipps zu touristischen Highlights, Freizeitaktivitäten und Veranstaltungen in der Region. Gleichzeitig hat man die Möglichkeit, sich mit den Verantwortlichen auszutauschen, persönliche Tipps und Meinungen abzugeben, schöne Fotos, interessante Links und Videos auf die Pinnwand zu stellen."[34]

Veröffentlichungen des Stadtmarketings dienen u. a. zur Unterstützung folgender Ziele:

- Förderung des Fremdenverkehrs und der Region in Zusammenarbeit mit Partnern aus Vereinen und Verbänden, Bildung, Wirtschaft und Behörden,
- Steigerung des Bekanntheitsgrades der Kommune,
- Durchführung von Eventmarketing und die Veranstaltungsorganisation,
- Beratung und Förderung des Einzelhandels,
- Sponsorengewinnung und -pflege.

2.2.4.1 Stadtmarketing ist nicht Öffentlichkeitsarbeit

Zielsetzungen und der daraus folgende werbliche Charakter der Veröffentlichungen des Stadtmarketings können nicht mit staatlicher Öffentlichkeitsarbeit gleichgesetzt werden. Öffentlichkeitsarbeit ist sachliche Information *über* die Aufgabenerfüllung. So können auch Berichte *über* die kommunale Wirtschaftsförderung Teil der zulässigen Öffentlichkeitsarbeit sein.[35] Im Stadtmarketing hingegen ist die Werbung für den Standort und das Schaffen von Anreizen, etwa durch Veranstaltungshinweise, eine Maßnahme der Aufgabenerfüllung „Stadt-

---

[33] Bundesvereinigung City- und Stadtmarketing e.V. http://www.bcsd.de//media/stadtmarketing_und_web_2.0.pdf, letzter Aufruf am 25.05.2020.
[34] Bundesvereinigung City- und Stadtmarketing e.V. http://www.bcsd.de//media/stadtmarketing_und_web_2.0.pdf, letzter Aufruf am 25.05.2020.
[35] BGH, Urteil v. 20. Dezember 2018, Az. 1 ZR 112/17.

marketing" selbst. Stadtmarketing, verstanden als Werbung, erfolgt daher nicht im Rahmen und nach den Grundsätzen der kommunalen Öffentlichkeitsarbeit (siehe Abschn. 2.2.3).

2.2.4.2 Publikationen des Stadtmarketings als kommunale Aufgabe

Zur Einrichtung einer Stelle zum kommunalen Stadtmarketing bedarf es einer Berechtigung. Diese folgt aus der Selbstverwaltungsgarantie der Kommunen nach Art. 28 Abs. 2 Satz 1 Grundgesetz. Voraussetzung ist, dass die Stelle zur Wirtschaftsförderung im Bereich der Gebietskörperschaft durch ein öffentliches Interesse der örtlichen Gemeinschaft gerechtfertigt ist.[36] Die Förderung der lokalen Wirtschaft zur Stabilisierung der Kommunalfinanzen kann somit unter Berücksichtigung der Ressourcen der Kommune zum Wohle der heimischen Bevölkerung beitragen. Veröffentlichungen zur Verwirklichung der Ziele des Stadtmarketings sind somit grundsätzlich nach der Selbstverwaltungsgarantie der Kommunen zulässig.

2.2.4.3 Stadtmarketing der Stabsstellen der Verwaltung

Die Bindung an verwaltungs- und verfassungsrechtliche Grundsätze besteht bei einer Eingliederung des Stadtmarketings in die öffentliche Verwaltung nicht anders als bei der staatlichen Öffentlichkeitsarbeit. Die Veröffentlichungen sind der Gemeinde als Hoheitsträger zuzurechnen und sie können damit nicht im Rahmen grundrechtlicher Kommunikationsrechte erfolgen, da die Kommunen nicht grundrechtsfähig sind. Periodisch presseähnliche Veröffentlichungen, etwa als Magazin oder in kommunalen Internet-Portalen zum Stadtmarketing, die presseähnlich über das gesellschaftliche Leben in der Gemeinde berichten, sind nach dem Grundsatz der Staatsferne der Presse nicht rechtmäßig (siehe Abschn. 3.2.4).

---

[36] Vgl. Wolff in: Höming/Wollf, Art. 28 Rn. 11.

Ebenso ist es auf Grund der Grundrechtsverpflichtung der Kommune problematisch, wenn sie in Veröffentlichungen Angebote und Vorzüge privater Anbieter herausstellt.

> **Beispiel zur Grundrechtsverpflichtung im Stadtmarketing**
>
> Im Marketingportal eines Kurortes werden regelmäßig Hotels vorgestellt. Die Berichterstattung mittels Fotos und redaktionell aufbereiteten Texten erfolgt durch eine in die Verwaltung eingegliederte „Stabsstelle Tourismusförderung" unentgeltlich. Hotelier X ärgert sich darüber, dass sein Hotel bisher nicht vorgestellt wurde. Denkbar ist, dass X sich auf den die öffentliche Verwaltung bindenden Gleichbehandlungsgrundsatz (Art. 3 Abs. 1 Grundgesetz) beruft. Die Ungleichbehandlung und der rechtfertigende Grund müssen in einem angemessenen Verhältnis zueinander stehen. So ist es notwendig, dass im Stadtmarketing nachvollziehbare Kriterien für die Auswahl der durch Veröffentlichungen begünstigten Unternehmen bestehen.

Für die Anzeigenschaltungen in Magazinen und Internetportalen können die Grundsätze zur Anzeigenschaltung in Publikationen der Öffentlichkeitsarbeit herangezogen werden. Einzelne, wenige Anzeigen sind demnach als „fiskalisch motivierter Randnutzen" zulässig.[37]

2.2.4.4 Stadtmarketing einer von der Kommune beherrschten GmbH

Wenn mehr als die Hälfte der „Stadtmarketing GmbH" im Eigentum der öffentlichen Hand stehen, ist die Redaktion an die Maßstäbe des Verwaltungs- und Verfassungsrechts gebunden. Es besteht keine grundrechtliche Publikationsfreiheit (siehe Abschn. 2.2.1). Auch hier gilt für die Anzeigenschaltungen die Zurückhaltung, sodass diese lediglich einen Randnutzen haben und nicht zur Geschäftstätigkeit ausgebaut werden darf.

---

[37] BGH, Urteil v. 20. Dezember 2018, Az. I ZR 112/17.

2.2.4.5 Stadtmarketing einer von Privaten beherrschten GmbH

Ist die „Stadtmarketing GmbH" überwiegend in der Hand privater Gesellschafter, besteht keine Grundrechtsverpflichtung. Die Redaktion kann ihre Publikationen auf die grundrechtlichen Kommunikationsrechte aus Art. 5 Abs. 1 Grundgesetz (Meinungsfreiheit) in Verbindung mit Art. 19 Abs. 3 Grundgesetz stützen. Sie ist frei von verwaltungs- und verfassungsrechtlichen Bindungen und kann im Rahmen der allgemeinen Gesetze nach Belieben verfahren. Auch Anzeigenschaltungen unterliegen keinen Beschränkungen.

2.2.4.6 Stadtmarketing der Vereine

Nicht ohne Grund empfehlen Unternehmensberatungen häufig den Kommunen, die Aufgaben des Stadtmarketings in der Rechtsform des Vereins zu erfüllen. Vereine sind Träger des Grundrechts der Meinungsfreiheit[38] und können ihre Publikationen damit nach Belieben inhaltlich und gestalterisch herausgeben. Allerdings kann die Rechtsform Verein nur ein Indiz für die Grundrechtsträgerschaft sein. Ist die Satzung des Vereins so ausgestaltet, dass er durch die Kommune als Mitglied in seinen Entscheidungen maßgeblich gesteuert werden kann, dürfte eine unzulässige „Flucht in das Privatrecht" der Verwaltung bestehen und damit nach der hier vertretenen Ansicht die Grundrechtsverpflichtung nach den Grundsätzen der durch Kommunen beherrschten Unternehmen bestehen (siehe Abschn. 2.2.2).

2.3 Sonderfälle grundrechtlicher Kommunikationsfreiheit der öffentlichen Verwaltung

Nur in wenigen Ausnahmen kann sich eine staatliche Einrichtung bei der Öffentlichkeitsarbeit in engen Grenzen auf die grundrechtlich garantierten Kommunikationsgrundrechte berufen und damit für die Öffentlich-

---

[38] BVerfG, Beschluss v. 16. Juni 2000, Az. 1 BvR 1539/94 („Kurdistan-Komitee e.V."); BVerfG, Beschluss v. 09. Oktober 1991, Az. 1 BvR 1555/88 („Bayer Aktionäre").

keitsarbeit einen weiteren Handlungsraum in Anspruch nehmen, als dieses der öffentlichen Verwaltung sonst möglich ist. Öffentlichkeitsarbeit kann in diesen wenigen Ausnahmen eine grundrechtlich geschützte Tätigkeit sein.

Ist die öffentliche Einrichtung als juristische Person des öffentlichen Rechts organisiert und verteidigt sie als „Sachwalter" den Einzelnen bei der Wahrnehmung von Grundrechten, soll sich die Einrichtung selbst auf „partielle" Grundrechte berufen können. So kann sich beispielsweise der öffentlich-rechtliche Rundfunk auf die grundgesetzliche Rundfunkfreiheit und eine Universität auf die grundgesetzliche Wissenschaftsfreiheit berufen.

Von praktischer Bedeutung ist dieses, weil damit in Teilbereichen der Aufgabe eines Hoheitsträgers sozusagen eine „gelockerte" Öffentlichkeitsarbeit, frei vom Sachlichkeits- und Neutralitätsgebot möglich ist.

2.3.1 Kommunikationsfreiheit der öffentlichen Verwaltung als Ausnahme

Ist der betreffenden juristischen Person des öffentlichen Rechts ein „grundrechtsgeschützter Lebensbereich" zugeordnet, wird sie zum grundrechtsgeschützten Sachwalter des Einzelnen bei der Wahrnehmung seiner Grundrechte.[39] Zu beachten ist, dass die grundrechtlichen Kommunikationsgrundrechte (Art. 5 Grundgesetz) in den Ausnahmefällen der staatlichen Kommunikationsfreiheit einer juristischen Person des öffentlichen Rechts nicht als individuelle Freiheitsrechte der jeweiligen Einrichtung zu verstehen sind. Grundrechtliche Kommunikationsrechte bestehen hier funktional gebunden an die jeweilige Aufgabe der öffentlichen Einrichtung. Das bedeutet, dass die Öffentlichkeitsarbeit nicht wie bei Privatpersonen und privatrechtlichen Unternehmen einfach nach Belieben im Rahmen der Meinungsfreiheit erfolgen kann. Jedoch bestehen partielle grundrechtliche Kommunikationsrechte, die die jeweilige Aufgabenerfüllung erst ermöglichen und schützen. Am Beispiel der Universitäten lässt sich das Prinzip verdeutlichen.

---

[39] Ständige Rechtsprechung; ausführlich BVerfG, Beschluss v. 08. Juli 1982, Az. 2 BvR 1187/80.

2.3.2 Öffentlichkeitsarbeit der Universitäten und Fakultäten

Aufgabe der Universitäten ist es, die freie Wissenschaft zu ermöglichen. So können sich Universitäten, trotz ihrer öffentlich-rechtlichen Verfassung, bei der Forschung und Lehre auf die „Staatsferne" zur Erfüllung ihrer Aufgaben berufen. Mit Art. 5 Abs. 3 Satz 1 Grundgesetz wird die Wissenschaftsfreiheit garantiert. Zur Abwehr staatlicher Eingriffe in die Wissenschaftsfreiheit steht der Universität als juristischer Person des öffentlichen Rechts das Grundrecht der Wissenschaftsfreiheit zur Seite.[40]
Art. 5 Abs. 3 Satz 1 Grundgesetz (Wissenschaftsfreiheit) enthält neben einem individuellen Freiheitsrecht eine objektive, das Verhältnis von Wissenschaft, Forschung und Lehre zum Staat regelnde Grundsatznorm. Der Staat muss danach für funktionsfähige Institutionen eines freien Wissenschaftsbetriebs sorgen und durch geeignete organisatorische Maßnahmen sicherstellen, dass das individuelle Grundrecht der freien wissenschaftlichen Betätigung soweit unangetastet bleibt, wie das unter Berücksichtigung der anderen legitimen Aufgaben der Wissenschaftseinrichtungen und der Grundrechte der verschiedenen Beteiligten möglich ist.[41]
Die Wissenschaftsfreiheit nach Art. 5 Abs. 3 Satz 1 Grundgesetz beinhaltet ein Kommunikationsgrundrecht, wenn die Wissenschaftsfreiheit der in der Organisation handelnden einzelnen Personen gar nicht anders als durch Kommunikation umgesetzt werden kann. So ist beispielsweise die Weitergabe von Forschungsergebnissen,[42] die Publikationsfreiheit als Wissenschaftskommunikation[43] geschützt.
Für die Öffentlichkeitsarbeit der Universitäten folgt daraus, dass auch Veröffentlichungen als allgemeinverständliche Darstellung von Forschungsvorhaben, Forschungstätigkeiten und Forschungsergebnissen durch das Grundrecht der Wissenschaftsfreiheit gegen staatliche Eingriffe geschützt sind.[44]

---

[40] BVerfG, Urteil v. 29. Mai 1973, Az. 1 BvR 424/71 und 325/72.
[41] BVerfG, Beschluss v. 31.Mai 1995, Az. 1 BvR 1379/94.
[42] Vgl. BVerfG, Urteil v. 29. Mai 1973, Az. BvR 424/71 und 325/72.
[43] BGH, Urteil v. 18. September 2007, Az. X ZR 167/05.
[44] Gärditz: Universitäre Industriekooperation, S. 22 f.

Die Zuordnung von Veröffentlichungen in den Schutzbereich der Wissenschaftsfreiheit kann auch gegenüber Ansprüchen von Bürgern eine Bedeutung erlangen. Verletzen Veröffentlichungen das „allgemeine Persönlichkeitsrecht", kann sich die Universität im Rahmen einer Rechtsgüterabwägung auf ihr Grundrecht zur Wissenschaftsfreiheit berufen. Damit sind Veröffentlichungen, die beispielsweise gegen das Neutralitätsgebot verstoßen nicht per se unzulässig, sondern erst dann, wenn die Rechtsposition des Bürgers oder eines Unternehmens als juristische Person im Einzelfall die kommunikative Wissenschaftsfreiheit der Universität überwiegt.

Im Bereich der Öffentlichkeitsarbeit, die nicht in den Bereich der Wissenschaftskommunikation fällt, so etwa die Berichterstattung über Ehrungen oder den „Tag der offenen Tür", besteht hingegen die auch sonst für die öffentliche Verwaltung geltende Grundrechtsverpflichtung und es bestehen keine weiteren rechtlichen Abweichungen zu den Grundsätzen der Öffentlichkeitsarbeit der öffentlichen Verwaltung.

So kann beispielsweise der Allgemeine Studentenausschuss auch ein periodisches Druckwerk herausgeben, um für Studenten wesentliche Hochschulinformationen zu verbreiten. Dabei können auch Meinungen Dritter zur Diskussion gestellt werden, sodass die nach den Hochschulgesetzen zukommenden Aufgaben erfüllt werden können. Jedoch muss die Berichterstattung sich dann in der Aufgabenzuweisung des jeweiligen Landeshochschulgesetzes bewegen und sich mit Themen der Hochschulpolitik oder sonstigen studentischen Angelegenheiten in hochschulspezifischer Weise befassen. Weiter ist nach Auffassung des Bundesgerichtshofes (BGH) bei einer personenbezogenen Berichterstattung, (Namensnennung und Personenfotos) mit der Meinungen Dritter zur Diskussion gestellt werden, „äußerste Zurückhaltung sowie eine am Neutralitätsgebot orientierte Berücksichtigung der verschiedenen Sichtweisen abzuverlangen".[45]

---

[45] BGH, Urteil v. 8. November 2022, Az. VI ZR 65/21.

2 Wer kommuniziert staatlich? 43

Hintergrund zur Ausnahme der Grundrechtsträgerschaft einer juristischen Person des öffentlichen Rechts

Juristische Personen des öffentlichen Rechts[46] sind grundsätzlich keine Grundrechtsträger. Das folgt aus der Grundrechtsgebundenheit der öffentlichen Verwaltung (Art. 1 Abs. 3 Grundgesetz). Die durch die Verfassung gewährten Grundrechte dienen vorrangig dem Schutz des Bürgers gegen Eingriffe des Staates. Der Staat ist der Garant des Schutzes und der Gewährung von Kommunikationsrechten der Bürger und nicht selber Träger dieser Grundrechte.

Grundrechtsbindung einerseits und Grundrechtsträgerschaft andererseits sind für die gesamte öffentliche Gewalt und damit auch für die öffentliche Verwaltung grundsätzlich miteinander unvereinbar (Konfusionsargument). Auch hinter juristischen Personen des öffentlichen Rechts, wie etwa einer Gemeinde als Gebietskörperschaft, steht der Staat als eine Erscheinungsform der einheitlichen Staatsgewalt. Sie können nicht gleichzeitig Verpflichtete und Berechtigte grundrechtlicher Kommunikationsrechte sein.[47]

Die ausnahmsweise Grundrechtsträgerschaft der öffentlichen Verwaltung besteht für juristische Personen des öffentlichen Rechts dann, wenn diese gerade errichtet wurden, um grundrechtliche Freiheitsentfaltung zu ermöglichen. Dieses ist dann der Fall, wenn der juristischen Person des öffentlichen Rechts durch die Rechtsordnung Aufgaben übertragen werden, die „unmittelbar einem durch bestimmte Grundrechte geschützten Lebensbereich zugeordnet sind" oder kraft ihrer Eigenart diesem Lebensbereich von vornherein zugehören, wie den Kirchen die Religionsfreiheit.[48] In diesen Fällen sichert die Grundrechtsträgerschaft der juristischen Person des öffentlichen Rechts die Autonomie gegenüber dem Staat. Die Einrichtung soll in ihrem jeweiligen Aufgabenbereich „staatsfern" bleiben und damit zum „Sachwalter" des Einzelnen bei der Ausübung der jeweiligen Grundrechte werden.

Zu den Ausnahmen der öffentlichen Verwaltung als partielle Grundrechtsträger zählen die Universitäten (Wissenschaftsfreiheit), die Rundfunkanstalten (Rundfunkfreiheit) und die Einrichtungen zur Förderung der Kunst (Kunstfreiheit), meist als Stiftungen des öffentlichen Rechts.

---

[46] Juristische Personen des **öffentlichen Rechts** sind z. B. die Körperschaften des öffentlichen Rechts wie Staat, Gemeinden, Gemeindeverbände, öffentliche Sparkassen. Hierzu gehören auch Anstalten oder Stiftungen des öffentlichen Rechts, die als selbstständige Träger von Rechten und Pflichten Verwaltungsaufgaben außerhalb der durch die Behörden dargestellten unmittelbaren Staatsverwaltung erledigen. https://wirtschaftslexikon.gabler.de/definition/juristische-person-40541.

[47] Konfusionsargument.

[48] BVerfG, Beschluss v. 14. April 1987, Az. 1 BvR 775/84.

Eine weitere Ausnahme besteht für Verbände, die neben der ihr vom Staat übertragenen amtlichen Aufgabe die berufsständischen und wirtschaftlichen Interessen der Verbandsmitglieder vertreten.[49] Begrenzt auf den Bereich der berufsständischen und wirtschaftlichen Interessen der Mitglieder besteht für die Öffentlichkeitsarbeit der Handlungsspielraum der Meinungsfreiheit. Ein Beispiel hierfür bilden die Handwerksinnungen, die sich begrenzt auf den Rahmen der wirtschaftlichen Interessenvertretung ihrer Mitglieder nicht an das Neutralitätsgebot und an das Sachlichkeitsgebot halten müssen, sondern bei ihrer Öffentlichkeitsarbeit das Grundrecht der Meinungsäußerungsfreiheit aus Art. 5 Abs. 1 Satz 1 Grundgesetz in Anspruch nehmen können.[50]

2.3.3 Öffentlichkeitsarbeit der Einrichtungen der Kunst

Ein Beispiel für eine Einrichtung der Kunst als *juristische Person des öffentlichen Rechts* ist die Akademie der Künste, die als Körperschaft des öffentlichen Rechts organisiert ist. Weitere Beispiele bilden die zahlreichen Museen, die als Stiftungen des öffentlichen Rechts bestehen. Die Einrichtungen der Kunst dienen den Bürgern zur Verwirklichung ihres Grundrechts zur Freiheit der Kunst. Sie bestehen mit dieser Aufgabe „vom Staat distanziert". Denn Aufgabe des Staates ist es ein freiheitliches Kunstleben zu erhalten und nicht Kunst zu reglementieren.[51] Daher sind diese juristischen Personen des öffentlichen Rechts trotz ihrer öffentlich rechtlichen Verfassung Träger des Grundrechts der Kunstfreiheit.

Die Kunstfreiheit gemäß Art. 5 Abs. 3 Satz 1 Grundgesetz garantiert umfassend und vorbehaltlos das Recht zur künstlerischen Arbeit (den Werkbereich) und jedes Verhalten, das dazu dient, den Inhalt eines Kunstwerks einem Publikum zugänglich zu machen (den Wirkbereich). Letzterer erstreckt sich auch gerade auf die Kommunikationsmittel zur Vorstellung des künstlerischen Schaffens und der Kunstwerke.[52]

---

[49] Die Körperschaft des öffentlichen Rechts hat dann eine „Doppelnatur": zum einen die Aufgabe als Hoheitsträger und zum anderen die Interessenvertretung der Mitglieder.
[50] BGH, Urteil v. 01.03.2018, Az. I ZR 264/16.
[51] Vgl. Antoni in: Höming/Wollf, Art. 5 Rn. 31.
[52] Vgl. Antoni in: Höming/Wollf, Art. 5 Rn. 31.

Die Öffentlichkeitsarbeit der als juristische Person des öffentlichen Rechts eingerichteten Stätten der Kunst sind bei der inhaltlichen Darstellung ihrer künstlerischen Projekte wie auch bei der Veröffentlichung von Werken durch Abbildungen nicht durch das Neutralitäts- und Sachlichkeitsgebot (siehe Abschn. 3.2) beschränkt.

> **Beispiel zur Öffentlichkeitsarbeit im Rahmen der Kunstfreiheit**
>
> Eine Kunsthalle, organisiert als juristische Person des öffentlichen Rechts, veranstaltet eine Ausstellung der politischen Plakate eines Grafikdesigners und Karikaturisten. Zu sehen sind Politiker, denen in verspottender Form textliche Aussagen zugeordnet sind sowie auch Unternehmensnamen, die als Verursacher des Klimawandels dargestellt werden. Im Rahmen der Öffentlichkeitsarbeit kann sich die Kunsthalle bei der Vorstellung der Ausstellung mittels Exponaten und eines Interviews des Künstlers auf das Grundrecht der Kunstfreiheit berufen. Ein Verstoß gegen das Neutralitätsgebot sowie gegen das Sachlichkeitsgebot bei der Pressearbeit einer Einrichtung, der grundsätzlich zur Einhaltung der Gebote verpflichteten öffentlichen Verwaltung, scheidet hier aus.

2.3.4 Öffentlichkeitsarbeit der Rundfunkanstalten

Die öffentlich-rechtlichen Rundfunkanstalten können sich auf die gemäß Art. 5 Abs. 1 Satz 2 Grundgesetz verfassungsrechtlich geschützte Freiheit der Berichterstattung durch Rundfunk berufen.[53] Insbesondere umfasst der Schutzbereich der Rundfunkfreiheit die Programmfreiheit der Rundfunkveranstalter. Programmfreiheit erstreckt sich auf das gesamte Programm und kann nicht auf bestimmte Formen der Berichterstattung beschränkt werden. Grundrechtlich geschützt sind auch Tätigkeiten, die im Zusammenhang mit der Beschaffung von Informationen sowie der Produktion und Verbreitung der Programminhalte stehen.

---

[53] Ständige Rechtsprechung seit dem „Mehrwertsteuer-Urteil" BVerfG, Urteil vom 27. Juli 1971, Az. 2 BvF 1/68, 2 BvR 702/68; vgl. BGH, Urteil v. 30.April 2015, Az. I ZR 13/14.

2.3.4.1 „Dienende Freiheit" der Grundrechtsträgerschaft

Nach der Rechtsprechung ist die Grundrechtsträgerschaft der Rundfunkfreiheit in erster Linie eine „dienende Freiheit" indem die Grundrechtsberechtigung die freie individuelle und öffentliche Meinungsbildung ermöglicht.[54]

In diesem dienenden Zusammenhang hat auch die Öffentlichkeitsarbeit der Rundfunkanstalten ihre Berechtigung und Grenzen. Der Rundfunkstaatsvertrag (bzw. Medienstaatsvertrag) definiert die Grenzen der freien individuellen und öffentlichen Meinungsbildung dienenden Rundfunkfreiheit: „Die öffentlich-rechtlichen Rundfunkanstalten haben bei der Erfüllung ihres Auftrags die Grundsätze der Objektivität und Unparteilichkeit der Berichterstattung, die Meinungsvielfalt sowie die Ausgewogenheit ihrer Angebote zu berücksichtigen."

> **Beispiel zu den Grenzen der Öffentlichkeitsarbeit der Rundfunkanstalten**
>
> Auf Anfrage eines Twitter-Mitgliedes teilt die Pressestelle einer öffentlich-rechtlichen Rundfunkanstalt über Twitter mit, dass sich der Sender bemüht, bestimmten Vertretern einer bestimmten Partei in Talksendungen nur in Ausnahmefällen ein Forum zu bieten. Die Rundfunkanstalt kann sich bei dieser Entscheidung und Mitteilung nicht auf ihr Grundrecht zur Rundfunkfreiheit berufen. Denn als „dienende Freiheit" steht die Rundfunkfreiheit im Dienst zur Herstellung von Meinungsvielfalt und Ausgewogenheit.

2.3.4.2 Gebot zur Öffentlichkeitsarbeit

In einer jüngeren Entscheidung hat das Bundesverfassungsgericht im Zusammenhang mit der Besetzung der Gremien der Rundfunkanstalten Öffentlichkeitsarbeit für eine Notwendigkeit erklärt. „Geboten sind allein Regeln, die ein Mindestmaß an Transparenz gewährleisten. Hierzu gehört jedoch, dass die Organisationsstrukturen, die Zusammensetzung der Gremien und Ausschüsse sowie die anstehenden Tagesordnungen

---

[54] BVerfG, Beschluss v. 24.07.1987, Az. 1 BvR 147, 478/86.

ohne Weiteres in Erfahrung gebracht werden können und dass zumindest dem Grundsatz nach die Sitzungsprotokolle zeitnah zugänglich sind oder sonst die Öffentlichkeit über Gegenstand und Ergebnisse der Beratungen in substanzieller Weise unterrichtet wird."[55]

Ein Auftrag zur Öffentlichkeitsarbeit ergibt sich für die Programme „tagesschau 24" und „EinsFestival" aus der Anlage zu § 11 b Abs. 1 Nr. 2 des Rundfunkstaatsvertrages:[56]

„Eine wichtige Voraussetzung im Rahmen seines Funktionsauftrages und für die Akzeptanz des öffentlich-rechtlichen Rundfunks in der Informations- und Wissensgesellschaft ist auch eine entsprechende zeitunabhängige Bereitstellung der Angebote, da er nur so seiner gesellschaftlichen Verantwortung, insbesondere gegenüber einer jüngeren Zielgruppe, gerecht werden kann. Dazu gehören die Verbindung von Text, Bild und Ton, aber auch sendungsbezogene beziehungsweise an Programm- oder Sendermarken ausgerichtete interaktive Angebote wie z. B. redaktionell begleitete Chats, Foren, Rankings, Bewertungen und sendungsbezogene spielerische Elemente."

Ebenso kann Öffentlichkeitsarbeit mittels Printmedien aus dem Rundfunkstaatvertrag gemäß § 11a Abs. 1 Satz 2 Rundfunkstaatsvertrag[57] legitimiert werden, soweit sie sich auf die Programmbegleitung beschränkt:

„Der öffentlich-rechtliche Rundfunk kann programmbegleitend Druckwerke mit programmbezogenem Inhalt anbieten."

2.3.4.3 Grenzen der Öffentlichkeitsarbeit bei Presseähnlichkeit

Im Zuge des Streits zwischen Zeitungsverlegern und dem Norddeutschen Rundfunk um die „Tagesschau-App" hat das Oberlandesgericht Köln entschieden, dass die Verbreitung von Angeboten einer öffentlich-rechtlichen

---

[55] Urteil, BVerfG v. 25. März 2014, Az. 1 BvF 1/11.
[56] Der Rundfunkstaatsvertrag wird voraussichtlich zum Jahreswechsel 20/21 durch den neuen Medienstaatsvertrag abgelöst. Die zitierte Anlage bezieht sich dann auf § 28 Medienstaatsvertrag.
[57] Im geplanten Medienstaatsvertrag: § 27 Satz 2 MdStV.

Rundfunkanstalt in presseähnlicher Form (längere Texte und stehende Bilder) ohne einen Sendebezug (fehlen von Hinweisen auf konkrete Sendungen) nicht im Rahmen der Rundfunkfreiheit verbreitet werden können und diese Beiträge somit der verfassungsrechtlichen Grundlage entbehren.[58]

Nach § 11d Abs. 7 Rundfunkstaatsvertrag[59] sind eigenständige Texte in Telemedien-Angeboten nur dann zulässig, wenn sie rundfunktypisch gestaltete Angebote unterstützen:

„Die Telemedienangebote dürfen nicht presseähnlich sein. Sie sind im Schwerpunkt mittels Bewegtbild oder Ton zu gestalten, wobei Text nicht im Vordergrund stehen darf. Angebotsübersichten, Schlagzeilen, Sendungstranskripte, Informationen über die jeweilige Rundfunkanstalt und Maßnahmen zum Zweck der Barrierefreiheit bleiben unberührt. Unberührt bleiben ferner Telemedien, die der Aufbereitung von Inhalten aus einer konkreten Sendung einschließlich Hintergrundinformationen dienen, soweit auf für die jeweilige Sendung genutzte Materialien und Quellen zurückgegriffen wird und diese Angebote thematisch und inhaltlich die Sendung unterstützen, begleiten und aktualisieren, wobei der zeitliche und inhaltliche Bezug zu einer bestimmten Sendung im jeweiligen Telemedienangebot ausgewiesen werden muss."

Für die Öffentlichkeitsarbeit der Rundfunkanstalten folgt daraus, dass beispielsweise redaktionelles Content Marketing, etwa durch Einrichtung von Blogs, mit Beiträgen ohne direkten Aufgaben- und Sendebezug nicht rechtmäßig sind.

Die Abb. 2.3 zeigt einen Tweet der Tagesschau ohne Aufgabenbezug. Keinen Sende- und Aufgabenbezug haben Verhaltensaufforderungen der Redaktion an die Bevölkerung. Es kann nur *über* Verhaltensaufforderungen der Behörden informiert werden.

---

[58] OLG Köln, Urteil v. 30. September 2016, Az. 6 U 188/12. Der Norddeutsche Rundfunk (NDR) hat am 22.01.2018 gegen das Urteil Beschwerde beim Bundesverfassungsgericht eingereicht.
[59] Im geplanten Medienstaatsvertrag: § 30 Abs. 7 Satz 1 bis 3 MdStV.

Abb. 2.3 Tweet der Tagesschau ohne Aufgabenbezug

2.3.5 Öffentlichkeitsarbeit der Berufsverbände

Sind Berufsverbände als Körperschaft des öffentlichen Rechts organisiert, können diese ausnahmsweise partiell Träger des Grundrechts der Meinungsfreiheit (Art. 5 Abs. 1 Satz 1 Grundgesetz) sein. Denn neben der Funktion als Teil der öffentlichen Verwaltung mit gesetzlich zugewiesenen Pflichtaufgaben kann ein Berufsverband die freiwillige Aufgabe der nichtstaatlichen berufsständischen und wirtschaftlichen Interessenvertretung der überwiegenden Mitglieder wahrnehmen.[60]

---

[60] Diese Konstellation wird als Doppelnatur einer Körperschaft des öffentlichen Rechts bezeichnet.

Bei der Öffentlichkeitsarbeit im Themenkreis berufsständischer und wirtschaftlicher Themen kann sich der als Körperschaft des öffentlichen Rechts organisierte Verband auf das Grundrecht der Meinungsfreiheit berufen. Auch innerhalb des vom Staat vorgegebenen Rahmens kann ein Verband zusätzlich grundrechtlich geschützte Aktivitäten zugunsten freiwilliger Mitglieder entwickeln. Diese sollen sich nicht von den Tätigkeiten privatrechtlich organisierter Berufs- oder Wirtschaftsverbände unterscheiden.[61] Im Bereich der Pflichtaufgaben besteht jedoch keine Grundrechtsträgerschaft und der Verband muss sich bei der Öffentlichkeitsarbeit an verwaltungs- und verfassungsrechtliche Vorgaben halten.

Nicht zu den Trägern der Meinungsfreiheit gehören Verbände, die eine Pflichtmitgliedschaft begründen. So hat das Verwaltungsgericht Frankfurt am Main die Äußerungsbefugnisse von Handwerkskammern dem Neutralitätsgebot (siehe Abschn. 3.2) und der gesetzlichen Aufgabenbindung (siehe Abschn. 3.1.1.2) unterstellt.[62]

> **Beispiel zur Meinungsfreiheit einer Innung**
>
> Die Bundesinnung der Hörgeräteakustiker wendet sich mit seiner Öffentlichkeitsarbeit gegen den „verkürzten Versorgungsweg", der es Ärzten erlaubt, Hörgeräte einzustellen. Dabei behauptet die Innung, dass mit der Versorgung durch Ärzte „für schlechte Qualität gutes Geld ausgegeben" wird. Diese Äußerung entspricht nicht dem sonst für die öffentliche Verwaltung geltenden Sachlichkeits- und Neutralitätsgebot. Da die öffentliche Mitteilung sich jedoch im Bereich der nichtstaatlichen wirtschaftlichen Interessenvertretung der überwiegenden Mitglieder der Innung bewegt, hat der Bundesgerichtshof entschieden, dass sich die Innung in der Funktion als wirtschaftliche Interessenvertretung auf das Grundrecht der Meinungsfreiheit berufen kann.[63]

2.3.6 Öffentlichkeitsarbeit der Kirchen

Als Körperschaften des öffentlichen Rechts organisierte Religionsgemeinschaften sind entgegen der verfassungsrechtlichen Systematik nicht Teil

---

[61] BGH, Urteil v. 01. März 2018, Az. I ZR 264/16.
[62] VG Frankfurt a. M., Urteil v. 27. Februar 2020, Az. 12 K 1039/19.F.
[63] BGH, Urteil v. 01. März 2018, Az. I ZR 264/16.

des Staates. Ihnen stehen zwar Privilegien der Körperschaften zu, jedoch sind sie Teil der Gesellschaft und umfassend grundrechtsberechtigt. Körperschaftlich organisierte Kirchen können sich daher im Gegensatz zu Gemeinden, Kammern und Landkreisen auf Grundrechte berufen.[64]

Die Religionsgemeinschaften mit öffentlich-rechtlichem Status sind in gleichem Umfang grundrechtsfähig wie Religionsgemeinschaften privatrechtlicher Rechtsform.[65]

Die Öffentlichkeitsarbeit ist damit wie bei den Privaten keinen Einschränkungen unterworfen. Es besteht weder die thematische Aufgabenbindung noch eine Verpflichtung zum staatlichen Neutralitäts- und Sachlichkeitsgebot.

2.3.7 Öffentlichkeitsarbeit der Parteien und Gewerkschaften

Nicht zur öffentlichen Verwaltung gehören die Parteien. Sie nehmen zwar eine öffentliche Aufgabe wahr,[66] dennoch sind sie weder funktional noch organisatorisch Teil des Staates.[67] Den Parteien kommt aufgrund ihrer verfassungsrechtlich abgesicherten Vermittlungsfunktion zwischen Staat und Gesellschaft eine besondere Stellung zu; sie wirken in den Bereich der Staatlichkeit aber lediglich hinein, ohne ihm anzugehören.[68]

Parteien sind frei gebildete Personenvereinigungen im Sinne des Art. 9 Abs. 1 Grundgesetz, die sich privatrechtlich nach den vereinsrechtlichen Regelungen der §§ 21 bis 79 Bürgerliches Gesetzbuch (BGB) gründen. In der Praxis wählen die Parteien in der Regel die Organisationsform des nicht rechtsfähigen Vereins.

---

[64] BVerfG, Beschluss v. 17. Februar 1965, Az. 1 BvR 732/64: Jedoch soweit die Kirchen vom Staat verliehene Befugnisse ausüben oder soweit ihre Maßnahmen den kirchlichen Bereich überschreiten oder in den staatlichen Bereich hineinreichen, betätigen die Kirchen mittelbar auch staatliche Gewalt mit der Folge, dass ihre Selbstbestimmung eine in der Sache begründete Einschränkung erfährt.
[65] BVerfG v. 19. Dezember 2000, Az. 2 BvR 1500/97.
[66] § 1 Abs. 1 Satz 2 Parteiengesetz.
[67] Ständige Rechtsprechung; BVerfG Beschluss v. 06. Dezember 2013, Az. 2 BvQ 55/13: Parteien sind nicht Teil des Staates.
[68] BVerfG, Urteil v. 19. Juli 1966, Az. 2 BvF 1/65.

Gleiches gilt für die Gewerkschaften. Sie sind, in der Regel als nicht rechtsfähige Vereine unabhängig von Staat, Parteien und Kirchen organisiert und Grundrechtsträger.[69] So ist gewerkschaftliches Engagement auch durch die Kommunikationsrechte des Art. 5 Grundgesetz geschützt.

Die Öffentlichkeitsarbeit der Parteien und Gewerkschaften ist nicht als staatliche Tätigkeit einzuordnen. Sie ist weder an Kompetenzen noch an verfassungsrechtliche Grundsätze zur staatlichen Öffentlichkeitsarbeit gebunden; sie erfolgt ausschließlich auf der Grundlage grundrechtlicher Kommunikationsrechte (zur Grundrechtsträgerschaft von Vereinen siehe Abschn. 2.2.4.6).

> **Ihr Transfer in die Praxis**
>
> Stellen Sie fest, ob die Öffentlichkeitsarbeit Ihrer Einrichtung als Öffentlichkeitsarbeit der öffentlichen Verwaltung einzuordnen ist. Insbesondere bei privatrechtlich organisierter Verwaltung ist es notwendig die Beteiligungsverhältnisse privater Anteilseigner zu kennen, damit die Einordnung zur staatlichen oder privaten Öffentlichkeitsarbeit getroffen werden kann.
>
> Auch wenn Sie Ihre Tätigkeit als staatliche Öffentlichkeitsarbeit einordnen können, kann es sein, dass auf Grund der ausnahmsweisen Grundrechtsträgerschaft Ihrer Einrichtung ein erweiterter Spielraum für Ihre Tätigkeit besteht. Dieses ist der Fall, wenn Ihre Einrichtung als juristische Person des öffentlichen Rechts organisiert ist und partielle Grundrechte als Sachwalter der Grundrechte des Einzelnen zugeordnet sind.

---

[69] Antoni in: Höming/Wolff, Art. 19 Rn. 9.

3

Verwaltungs- und verfassungsrechtliche Grundsätze der Öffentlichkeitsarbeit

> **Was Sie aus diesem Kapitel mitnehmen**
>
> In diesem Kapitel erfahren Sie, welchen rechtlichen Rahmenbedingungen die Öffentlichkeitsarbeit unterliegt. Insbesondere erlangen Sie Kenntnis über
>
> - die rechtliche Einordnung der Öffentlichkeitsarbeit als Verwaltungshandeln,
> - Ihre Befugnisse bei der Themensetzung zur Öffentlichkeitsarbeit,
> - Ihre Gestaltungsmöglichkeiten von Inhalten und Aufmachung der Beiträge zur Öffentlichkeitsarbeit.

Im vorangegangenen Kapitel haben Sie erfahren, welche Einrichtungen staatliche Öffentlichkeitsarbeit betreiben. Damit können Sie einordnen, ob Sie bei Ihrer Tätigkeit zur Öffentlichkeitsarbeit an verwaltungs- und verfassungsrechtliche Grundsätze gebunden sind. Nachfolgend werden diese Grundsätze zur staatlichen Öffentlichkeitsarbeit dargestellt, sodass Sie eine Orientierung für Ihre Praxis erhalten. Abschn. 3.1 befasst sich mit den verwaltungsrechtlichen Grundsätzen; Abschn. 3.2 dient der Darstellung verfassungsrechtlicher Gebote zur Öffentlichkeitsarbeit der öffentlichen Verwaltung.

3.1 Verwaltungsrechtliche Grundsätze zur staatlichen Öffentlichkeitsarbeit

Die Veröffentlichungen im Rahmen der Öffentlichkeitsarbeit verpflichten die Bürger zu keinem bestimmten Verhalten (siehe Kap. 1). Die *Außen- und Selbstdarstellung* der öffentlichen Verwaltung hat keine Regelungswirkung, sodass es den Adressaten der Mitteilungen völlig egal sein kann, welche Inhalte der Öffentlichkeitsarbeit die Verwaltung an sie richtet. Erst wenn Inhalte in die Rechte einzelner Bürger und anderer Rechtsträger eingreifen, bedarf es hierfür unter Umständen einer gesetzlichen Ermächtigung (siehe Abschn. 3.1.2.), zumindest aber muss der Grundsatz der Verhältnismäßigkeit eingehalten werden (siehe Abschn. 3.1.2).

Aber auch dann, wenn Informationshandlungen nicht in den grundrechtlichen Schutzbereich der Bürger eingreifen, sind Regelungen und Rechtsgrundsätze einzuhalten. Es bestehen meist keine speziellen Gesetze, welche die jeweiligen Behörden zur Öffentlichkeitsarbeit berechtigen.[1] Daraus könnte man schließen, dass sich die staatliche Öffentlichkeitsarbeit in einem rechtsfreien Raum bewegt.[2] Ein gesetzesfreier Raum ist nicht mit einem rechtsfreien Raum gleichzusetzen. Denn der Staat handelt nicht auf Grund eigener Macht, wenn er Mitteilungen, egal welchen Inhalts, an die Bevölkerung richtet, sondern zunächst auf Grund von gesetzlichen oder durch Satzungen festgelegten Kompetenzen (siehe Abschn. 3.1.1.2).

Die Abb. 3.1 verdeutlicht die in diesem Kapitel dargestellten Rechtsgrundsätze zur staatlichen Öffentlichkeitsarbeit. Gleichzeitig erhalten Sie damit eine Orientierung zu den Schwerpunkten dieses Kapitels.

---

[1] Meist bestehen lediglich Verwaltungsvorschriften und Weisungen, die nur intern wirken und keine gesetzliche Rechtsgrundlage zur Öffentlichkeitsarbeit schaffen.
[2] Rechtsfreier Raum ist nicht als polemischer Begriff zu verstehen, sondern als ein Handlungsspielraum, der rechtlichen Bewertungen und Regelungen entzogen ist.

3 Verwaltungs- und verfassungsrechtliche Grundsätze der ...   55

Abb. 3.1 Die „rechtliche Zwiebel" der Social-Media-Arbeit

3.1.1 Aufgaben- und Themenkompetenz zur Öffentlichkeitsarbeit

Die öffentliche Verwaltung benötigt für jede Tätigkeit, die nicht nur verwaltungsintern ist, eine Berechtigung. Die Berechtigung besteht mit der Befugnis zur Aufgabenwahrnehmung. Diese wird durch gesetzliche oder durch Satzung bestimmte Kompetenzzuweisungen hergestellt. Erst damit besteht die demokratisch notwendige Legitimation zum hoheitlichen Handeln.

3.1.1.1 Grundsätzliche Befugnis zum schlichten Verwaltungshandeln

Für die gesetzlich nicht determinierte Öffentlichkeitsarbeit folgt die Handlungsberechtigung aus der gesetzlichen Aufgabenzuweisung der jeweiligen Behörde als eine hinzugefügte Kompetenz, die sich aus der gesetzlichen oder durch Satzung geregelten Kompetenz zur Aufgabenwahrnehmung ableitet. Anders ausgedrückt: Die „ungeschriebene" Berechtigung zur Öffentlichkeitsarbeit besteht hinzutretend zur gesetzlichen oder durch Satzung „geschriebenen" Aufgabenzuweisung.[3] Für die Praxis ergeben sich die Grenzen des Handelns einer lediglich hinzugetretenen Berechtigung aus der originären und gesetzlich bestimmten Aufgabe der jeweiligen Behörde. Die gesetzlich nicht ausdrücklich bestehende Kompetenz zur Öffentlichkeitsarbeit ist rechtlich ausreichend, da Berichterstattungen über die Aufgabenerfüllung keine Rechtspflichten für die Bevölkerung entwickeln und Mitteilungen *über* die Aufgabenerfüllung als Realakte bzw. als „schlichtes Verwaltungshandeln" eingeordnet werden.[4]

Hintergrund zur Öffentlichkeitsarbeit als Realakt

Als schlichtes Verwaltungshandeln oder auch als verwaltungsrechtliche Realakte werden die Handlungen der öffentlichen Verwaltung bezeichnet, die zwar nach außen gerichtet sind, aber keine Verpflichtungen für die Bürger und Bürgerinnen zur Folge haben. Zu den Realakten gehören beispielsweise tatsächliche Verrichtungen wie das Aufstellen einer Straßenbeleuchtung durch die Gemeinde oder behördliche Wissenserklärungen wie Auskünfte zu den Öffnungszeiten des Einwohnermeldeamtes.

Wird Öffentlichkeitsarbeit als Berichterstattung *über* die Aufgabenerfüllung verstanden, wird auch deutlich, dass der rechtliche Charakter der Öffentlichkeitsarbeit gerade nicht den Bürgern gegenüber Pflichten begründen will: Die an die Be-

---

[3] Diese Konstruktion einer Berechtigung wird in der Literatur auch als Annexkompetenz bezeichnet.
[4] Zur Erklärung des Begriffs siehe „Hintergrund zur Öffentlichkeitsarbeit als Realakt".

völkerung gerichteten Mitteilungen zur Öffentlichkeitsarbeit begründen keine Rechtspflichten; allenfalls berichtet Öffentlichkeitsarbeit *über* Rechtspflichten. Dennoch besteht für den Realakt Öffentlichkeitsarbeit die durch das Grundgesetz (Art. 1 Abs. 3 GG sowie Art. 20 Abs. 3 GG) gewährleistete Bindung der öffentlichen Verwaltung an Recht und Gesetz. Nur bleibt der für die Verwaltung damit geltende Grundsatz „Handle nie ohne Gesetz!" bei Realakten gegenüber dem *Rechtspflichten* begründenden Verwaltungshandeln[5] abgemildert bestehen. Das bedeutet: Auch wenn die Öffentlichkeitsarbeit als Realakt zwar nicht selbst gesetzlich ausdrücklich geschrieben ist, ist sie dennoch eng an die gesetzlich oder durch Satzung festgelegte Kompetenz zur Aufgabenwahrnehmung der jeweiligen Behörde gebunden und auf die jeweilige Aufgabenwahrnehmung begrenzt. Dieses soll rechtsstaatlich für jedes schlichte Verwaltungshandeln, und damit auch für die Öffentlichkeitsarbeit, möglich und ausreichend sein.[6]

Erst wenn die jeweilige Mitteilung der Öffentlichkeitsarbeit die Schwelle zum Eingriff in grundrechtlich geschützte Rechtspositionen einzelner Bürger und Bürgerinnen überschreitet, bedarf die jeweilige Handlung unter bestimmten Voraussetzungen einer gesetzlichen Ermächtigungsgrundlage. Diese muss die jeweilige Beeinträchtigung rechtfertigen. Schwierig ist die Abgrenzung zwischen Beeinträchtigungen und Belästigungen, die noch gerade hinzunehmen sind und Beeinträchtigungen, die die Schwelle zum Grundrechtseingriff überschreiten (siehe Beispiele im Abschn. 3.1.2.2).

3.1.1.2 Die Themenkompetenz folgt der behördlichen Sachkompetenz

Der Staat ist grundsätzlich berechtigt, sich mit einem Thema zur Veröffentlichung dann zu befassen, wenn es in einem sachlichen Zusammenhang mit der originären Aufgabe der jeweiligen staatlichen Einrichtung steht. Hieraus folgt eine verwaltungsrechtliche formelle thematische Bindung der Öffentlichkeitsarbeit: Das Thema der jeweiligen Veröffentlichung muss einen Bezug zur Aufgabe der jeweiligen Behörde aufweisen.

Die formelle Bindung der Inhalte der Öffentlichkeitsarbeit an die Inhalte der Aufgaben einer Behörde kann als Themenkompetenz oder Thematisierungsrecht bezeichnet werden. Überschreitet die Behörde mit Veröffentlichungen ihre Themenkompetenz bei der Öffentlichkeitsarbeit,

---

[5] Verwaltungsakt sowie öffentlich rechtlicher Vertrag.
[6] Vgl. Maurer: Verwaltungsrecht, § 15 Rn. 5.

weil den Veröffentlichungen das Bezugsobjekt zur gesetzlichen oder durch Satzung bestimmten Aufgabe fehlt, ist die Veröffentlichung demnach nicht zulässig (siehe nachfolgende Beispiele).

> **Beispiel zur Rechteklärung behördlicher Kompetenzen bei der Öffentlichkeitsarbeit**
>
> **Beispiel 1:** Die Social-Media-Managerin eines privaten Unternehmens ist nicht gezwungen darüber nachzudenken, ob sie die rechtliche Kompetenz besitzt, sich zu einem bestimmten Thema öffentlich zu äußern. Private Organisationen haben die Freiheit, sich zu jedem denkbaren Thema öffentlich zu äußern. Da staatliche Öffentlichkeitsarbeit aber nicht auf der Grundlage der grundrechtlichen Freiheit der Bürger erfolgt, sondern auf der Grundlage der einer Einrichtung durch das öffentliche Recht zugewiesenen Kompetenzen, muss das Thema der Veröffentlichung zunächst formal mit der Aufgabenkompetenz, auch Sachkompetenz genannt, korrespondieren. Befasst sich die Veröffentlichung mit Windkraftanlagen, muss für die veröffentlichende Behörde auf Grund eines Gesetzes oder auf Grund einer Satzung zugeschriebenen Aufgabe hervorgehen, dass sich die Behörde überhaupt mit Windkraftanlagen zu befassen hat.
>
> **Beispiel 2:** Eine Gemeinde veröffentlicht auf ihrer Website zur „Bürgerinformation" regelmäßig Stellungnahmen der Bürgermeisterin zur Bundespolitik. Unter anderem auch zu Fragen der Bundeswehreinsätze im Ausland. Die Rechtsprechung des Bundesverwaltungsgerichts (BVerwG) spricht den Gemeinden die Kompetenz zur Öffentlichkeitsarbeit „ohne besonderen Kompetenztitel" aus ihrem Selbstverwaltungsrecht zu. Dabei geht die Befugnis nicht über die aus dem Selbstverwaltungsrecht folgende Aufgabenzuweisung hinaus.
>
> „Art. 28 Abs. 2 Satz 1 GG gewährleistet der Gemeinde das Recht, alle Angelegenheiten der örtlichen Gemeinschaft im Rahmen der Gesetze in eigener Verantwortung zu regeln. Daraus erwächst der Gemeinde die Befugnis, sich aller Angelegenheiten der örtlichen Gemeinschaft, die nicht durch Gesetz bereits anderen Trägern öffentlicher Gewalt überantwortet sind, ohne besonderen Kompetenztitel anzunehmen. Angelegenheiten der örtlichen Gemeinschaft im Sinne von Art. 28 Abs. 2 Satz 1 GG sind diejenigen Bedürfnisse und Interessen, die in der örtlichen Gemeinschaft wurzeln oder auf sie einen spezifischen Bezug haben, die also den Gemeindeeinwohnern gerade als solchen gemeinsam sind, indem sie das Zusammenleben und -wohnen der Menschen in der Gemeinde betreffen." Die Stellungnahme eines kommunalen Amtsträgers muss demnach in spezifischer Weise ortsbezogen sein.[7] Die Bürgermeisterin darf sich daher nicht auf der Website der Gemeinde zu allgemeinen Problemen von Bundeswehreinsätzen im Ausland äußern.

---

[7] Vgl. BVerwG, Urteil v. 14. Dezember 1990, Az. 7 C 37.89 („Atomwaffenfreie Zone"); BVerwG, Urteil v. 13. September 2017, Az. 10 C 6/16 („Lichter aus!").

> **Merksatz zur Themenwahl bei der staatlichen Öffentlichkeitsarbeit**
> Aus der jeweiligen Aufgabenzuweisung ergeben sich die Befugnisse und Grenzen zur Themensetzung der Inhalte der Öffentlichkeitsarbeit.

3.1.1.3 Thematisierungsgebot in der kommunalen Öffentlichkeitsarbeit

Neben dem Thematisierungsrecht besteht ein Thematisierungsgebot. Für die Öffentlichkeitsarbeit der Regierung („Staatsleitung") ist anerkannt, dass staatliche Informations- und Öffentlichkeitsarbeit notwendig ist, um den Grundkonsens im demokratischen Gemeinwesen lebendig zu erhalten. „Darunter fällt auch die Darlegung und Erläuterung der Politik der Regierungs- und Verwaltungsorgane hinsichtlich getroffener Maßnahmen und künftiger Vorhaben angesichts bestehender oder sich abzeichnender Probleme sowie die sachgerechte, objektiv gehaltene Information über den Bürger unmittelbar betreffende Fragen und wichtige Vorgänge auch außerhalb oder im Vorfeld der eigenen gestaltenden politischen Tätigkeit."[8] Diese grundlegende Verpflichtung zur Öffentlichkeitsarbeit der Staatsleitung spiegelt sich als Prinzip in den Gemeindeordnungen der Länder wider. Gemeindeordnungen der Bundesländer enthalten meist gleichlautend eine Informationspflicht der Gemeinden für „alle wichtigen Planungen und Vorhaben der Gemeinde". Der Bürger kann sich nicht einbringen, wenn er Planungen und Vorhaben seiner Gemeinde nicht kennt. Mittels Öffentlichkeitsarbeit wird für die Einwohner der Gemeinde kommunales Handeln transparent und die Möglichkeit der Mitwirkung an demokratischen Prozessen erst ermöglicht.

Besteht aus Gründen der Transparenzherstellung in demokratischen Prozessen und damit zur Ermöglichung der Willensbildung der Bürger und Bürgerinnen das Gebot zur Öffentlichkeitsarbeit, findet diese darin auch ihre verfassungsrechtliche Legitimation (siehe Abschn. 3.2.1).

---

[8] Zu Äußerungen der Bundesregierung vgl. BVerfG, Urteil v. 16. Dezember 2014, Az. 2 BvE 2/14; BVerfGE 138, 102 Rn. 40 m. w. N.

3.1.2 Grundsatz der Gesetzmäßigkeit der Verwaltung

Der Grundsatz der Gesetzmäßigkeit der Verwaltung enthält zwei Komponenten. Diese lauten „Handle nie gegen ein bestehendes Gesetz!" (Vorrang des Gesetzes) und „Handle nie ohne ein Gesetz!" (Vorbehalt des Gesetzes). Der Grundsatz der Gesetzmäßigkeit der Verwaltung realisiert das verfassungsrechtlich fundamentale Rechtsstaatsprinzip und das ebenso fundamentale Demokratieprinzip für das Handeln der öffentlichen Verwaltung.

3.1.2.1 Öffentlichkeitsarbeit und der Vorrang des Gesetzes

Ausnahmslos gilt für jedes Verwaltungshandeln, auch für schlichtes Verwaltungshandeln und damit für die Öffentlichkeitsarbeit, der Grundsatz des Vorrangs des Gesetzes. Das Vorrangprinzip wird mit Art. 20 Abs. 3 Grundgesetz hergestellt und bindet die vollziehende Gewalt „an Recht und Gesetz".[9] Die öffentliche Verwaltung muss sich an die bestehende Rechtsordnung halten und somit entsprechend der Gesetze handeln, beziehungsweise keine gegen die Gesetze verstoßenden Maßnahmen treffen.[10] Ein Konfliktfeld bilden die datenschutzrechtlichen Regelungen, die Öffentlichkeitsarbeit mit personenbezogenen Inhalten mühsam machen (ausführlich zur Arbeit mit Personenfotos Kap. 5 und zur Frage der Nutzung sozialer Netzwerke Abschn. 4.1.2.4).

> **Beispiel Personenfotos und der Vorrang des Gesetzes**
> Gemeinde G berichtet über den Neujahrsempfang im Rathaus. Hierzu werden Fotos von den Gästen angefertigt und veröffentlicht. Die Gemeinde kann sich dabei nicht allein auf ihre grundsätzliche Berechtigung zur Öffentlichkeitsarbeit aus der Kompetenzordnung stützen. Da das Anfertigen und Veröffentlichen von Personenfotos eine Verarbeitung personenbezogener Daten darstellt, muss die Gemeinde die Regelungen der Datenschutzgrundverordnung (DSGVO) beachten.

---

[9] EU-Recht wird von Art. 20 Abs. 3 GG nicht erfasst; es bindet jedoch kraft eigenen Rechts die Verwaltung in gleicher Weise.
[10] Maurer: Verwaltungsrecht, § 6 Rn. 2.

3.1.2.2 Öffentlichkeitsarbeit und der Vorbehalt des Gesetzes

Der Vorbehalt des Gesetzes besagt: „Handle nie ohne ein Gesetz!". Wie bereits dargestellt: Greift Öffentlichkeitsarbeit nicht in geschützte Rechtspositionen der Bürgerinnen und Bürger ein, ist sie zulässig, wenn die Berechtigung zur Öffentlichkeitsarbeit aus der gesetzlichen Kompetenzordnung als „ungeschriebene" Aufgabe abgeleitet werden kann. Es bedarf keiner weiteren Legitimation für die Veröffentlichung der Mitteilungen. Der Grundsatz des Vorbehalts des Gesetzes findet keine Anwendung.

> **Beispiel für Öffentlichkeitsarbeit, die ohne gesonderte gesetzliche Berechtigung zulässig ist**
>
> Gemeinde G teilt mit, dass sie sich auch in diesem Jahr wieder an der landesweiten „Aktion Saubere Gemeinde" beteiligt. „Treff zum Frühjahrsputz ist um 10 Uhr an den bekannten Sammelpunkten. Arbeitshandschuhe sollten mitgebracht werden. Nach getaner Arbeit gibt es wie üblich Getränke und eine kleine Stärkung."

Greifen jedoch Mitteilungen der Öffentlichkeitsarbeit in die Grundrechte von Privatpersonen und juristischen Personen ein, genügt die Einhaltung der Handlungskompetenz zur Legitimation der „Handlung Öffentlichkeitsarbeit" allein nicht mehr. Gegenüber dem stets einzuhaltenden Grundsatz der Verhältnismäßigkeit (siehe Abschn. 3.1.3) ist die Frage, ob und wann für Grundrechtseingriffe durch Informationshandlungen des Staates eine gesetzliche Eingriffsermächtigung erforderlich ist, nur im konkreten Einzelfall zu beantworten.

Zwei Gruppen von Grundrechtsträgern können durch Mitteilungen zur Öffentlichkeitsarbeit in ihren Rechten tangiert werde:

- Eine Gruppe bilden die Bürger als Adressaten der Informationen. Wenn die Informationen den Bürger zu einem bestimmten Verhalten bewegen sollen und die jeweilige Mitteilung die Wirkung einer Zwangsmaßnahme oder einer Rechtsetzung entfaltet, liegt eine faktische Beeinträchtigung der Handlungsmöglichkeiten der Bürger vor (siehe sogleich unter „Eingriff in die Rechte der Adressaten der Mitteilung").

- Die zweite Gruppe von Betroffenen bilden Personen, die nicht Adressat der Öffentlichkeitsarbeit sind, sondern selbst zum Inhalt der Mitteilung werden. Eine Person oder eine Personengruppe wird dabei durch die Aussage der Mitteilung unmittelbar aber auch häufig nur mittelbar beeinträchtigt. Mittelbare Beeinträchtigungen ergeben sich dann, wenn beispielsweise ein Produkt als gefährlich bezeichnet wird und die Verbraucher die Beeinträchtigung durch veränderte Kaufentscheidungen realisieren (siehe unten unter „Eingriff in die Rechte der in die Mitteilung einbezogenen Personen").

Eingriff in die Rechte der Adressaten der Mitteilung
Nicht immer ist es jedoch eindeutig, ob an die Bevölkerung gerichtete Mitteilungen lediglich eine Belästigung oder schon die Schwelle zur Beeinträchtigung überschreiten, sodass eine über die Kompetenzordnung hinausgehende Ermächtigungsgrundlage erforderlich wird. In diesem Grenzbereich bewegen sich an die Bevölkerung gerichtete Appelle. Es kommt dabei im Einzelfall darauf an, ob eine Mitteilung die Intensität zur Überschreitung der Schwelle zur Grundrechtsverletzung erreicht. Appelle in der Form von unverbindlich vorgetragenen Bitten, sich auf eine bestimmte Weise zu verhalten, mögen noch zulässig sein. Anders verhält es sich dann, wenn bei den Bürgerinnen und Bürgern der Eindruck einer verbindlichen Aufforderung erweckt wird und die mit der Aufforderung angestrebte Verhaltensänderung zu einem Verzicht auf die Ausübung von Freiheitsrechten führt. Dieses kann insbesondere bei Mitteilungen der Eingriffsverwaltung der Fall sein, da deren Aufforderungen einen Einschüchterungseffekt erzielen können (Chilling effect).

3 Verwaltungs- und verfassungsrechtliche Grundsätze der ... 63

> **Beispiel „polizeiliches Spekulationsverbot"**
>
> Eine Polizeipressestelle fordert in einem Tweet im Anordnungsstil Spekulationen zu einem Verbrechen zu unterlassen, einer aktuellen Meldung zum Tathergang einer bestimmten Zeitung nicht zu glauben und sich lediglich mittels der offiziellen Pressemitteilungen der Polizei zu informieren. Einer so weitgehenden und bei der Bevölkerung als Anordnung aufzufassenden Äußerung der Eingriffsverwaltung kommt erhebliche Grundrechtsrelevanz zu.
> Die im Imperativ verfasste Information greift durch ihre *verhaltenssteuernde Wirkung* in die Ausübung der Kommunikationsrechte der Bevölkerung ein. Zur Einschränkung bedarf es eines Gesetzes (Art. 5 Abs. 2 Grundgesetz).[11] Aus den gesetzlichen Ermächtigungen zur polizeilichen Gefahrenabwehr und der Strafverfolgung ist nicht zu entnehmen, dass es den Bürgerinnen und Bürgern verboten werden kann, sich mit Vermutungen und über Vermutungen zu äußern, sowie einen von der Polizei als Falschmeldung bezeichneten Presseartikel zu kommentieren und zu zitieren.[12]
> Eine rechtlich unverbindliche Bitte in Gestalt einer „autoritär" verfassten Aufforderung erweckt zumindest bei den Lesern den Eindruck der Rechtsverbindlichkeit entsprechend einer öffentlichen Bekanntgabe eines Verwaltungsaktes (§ 41 Abs. 1 Verwaltungsverfahrensgesetz), wenn die Aufforderung über die @-Funktion an bestimmte Personen gerichtet ist.
> Befehlsartige Formulierungen an die Netzwerknutzer, Kritik und Mutmaßungen zu unterlassen, führen faktisch zumindest bei einem Teil der Nutzer zu einem Verzicht auf die Ausübung ihrer Kommunikationsrechte. Einen derartig weitreichenden, grundrechtsrelevanten Zustand kann die Polizei nur aufgrund einer gesetzlichen Ermächtigung herbeiführen. Eine gesetzliche Regelung hierzu existiert nicht. Somit ist nach der hier vertretenen Auffassung das „Spekulationsverbot" unzulässig, da es hierfür einer gesetzlichen Ermächtigung bedarf und diese nicht besteht. Andernfalls könnte die öffentliche Verwaltung mittels dem „Realakt Öffentlichkeitsarbeit" den Vorbehalt des Gesetzes umgehen und *rechtsetzende Wirkungen* durch tatsächliches Informationshandeln schaffen.

---

[11] Vgl. OVG Lüneburg, Urteil v. 22. August 2005, Az. 11 LC51/04.

[12] Im Zusammenhang mit der Verbreitung von Fake News werden die Stimmen lauter, die ein Gesetz verlangen, das die Verbreitung „unwahrer Tatsachen" über soziale Netzwerke unter Strafandrohung verbieten soll. Nicht in den Schutzbereich des Art. 5 GG (Kommunikationsrechte) fallen falsche Tatsachenbehauptungen. Schwierigkeiten und Rechtsunsicherheiten bestehen hier, klare Grenzen zwischen, Spekulation, Meinung, Satire und nicht mehr geschützter Fälschung ziehen zu können.

Eingriff in die Rechte der in Mitteilungen einbezogenen juristischen und natürlichen Personen

Nicht selten besteht ein Bezug zu Personen durch den Inhalt der Mitteilung, die an die Bevölkerung gerichtet ist. So etwa, wenn Unternehmensnamen oder Produkte genannt werden. Auch hier besteht die Gefahr, dass *mittels der Wirkung* der Öffentlichkeitsarbeit die strengen gesetzlichen Voraussetzungen von Zwangsmaßnahmen gegen die betroffenen Personen umgangen werden.

Nach der Rechtsprechung kommt es daher auf die Zielsetzung des Informationshandelns an. Die folgenden Beispiele zeigen die Unterscheidung.

Beispiele für an die Öffentlichkeit gerichtete Informationen, die einer gesonderten gesetzlichen Ermächtigung bedürfen

„Pankower Ekelliste": Berühmt nicht nur bei Juristen wurde die „Pankower Ekelliste". Dabei handelte es sich um eine Negativliste des Bezirksamts Pankow in Berlin, die im Rahmen der lebensmittelrechtlichen Überwachung entstand. Im Internetportal „Das Smiley Projekt im Bezirk Pankow" des Bezirksamts wurden auch negative Ergebnisse der Kontrollen von Lebensmittelmärkten unter Benennung der Unternehmen sowie mit abschreckenden Beweisfotos vorgefundener hygienischer Mängel eingestellt.

Das „name and shame" stellt nach Auffassung des Verwaltungsgerichts Berlin einen „elektronischen Pranger" dar, der in die grundrechtlich geschützte Berufsausübungsfreiheit (Art. 12 Grundgesetz) eingreift. Dieser Eingriff ist jedoch nach Art. 12 Abs. 1 Satz 2 Grundgesetz nur dann möglich, wenn er „durch ein Gesetz oder auf Grund eines Gesetzes geregelt" wird. Zur Ermächtigung der Eingriffe hatte sich das Amt auf das Verbraucherinformationsgesetz berufen. Nach Auffassung des Oberverwaltungsgerichts Berlin-Brandenburg enthält dieses Gesetz jedoch keine taugliche Rechtsgrundlage für die Veröffentlichungen unter Benennung der Unternehmen.[13] Die Veröffentlichungen sind nach dem Grundsatz des Vorbehalts des Gesetzes unzulässig.

---

[13] Vgl. OVG Berlin-Brandenburg, Beschluss v. 28. Mai 2014, Az. 5 S 21.14; bestätigte Vorinstanz: VG Berlin, Beschluss v. 19. März 2014, Az. 14 L 35.14.

3 Verwaltungs- und verfassungsrechtliche Grundsätze der ...

Besteht kein Gesetz oder ein nur für den Eingriff verfassungsrechtlich *unzureichendes* Gesetz, ist der Eingriff auf Grund des Vorbehaltes des Gesetzes nicht rechtmäßig. Eingriffsbefugnisse müssen gesetzlich nach Inhalt, Gegenstand und Ausmaß so bestimmt sein, dass die Beschränkungen voraussehbar und berechenbar sind.[14]

Warnung vor Glykol im Wein: Im Zuge des „Glykolskandals" hat der Bundesminister für Jugend, Familie und Gesundheit im Jahre 1985 eine Liste aller in Deutschland festgestellten, mit Diethylenglykol kontaminierten Weine unter Angabe der jeweiligen Abfüller veröffentlicht.

Anders als bei der „Pankower Ekelliste" hatte die öffentliche Mitteilung allein die Warnung der Bevölkerung zum Ziel. Nach Auffassung der Rechtsprechung sind Fälle der Warnungen anders als die „Pranger-Fälle" zu bewerten und nicht einem Gesetzesvorbehalt unterworfen. Denn bei der Benennung des vermeintlichen Störers im Rahmen von Warnungen geht es in der Zielsetzung darum, die Bevölkerung vor Gefahren zu warnen und nicht darum, den Störer mittels Veröffentlichungen zu einem anderen Verhalten zu zwingen. Erst wenn die Veröffentlichungen einem gleichwertigen Ersatz („Äquivalent") für Zwangsmaßnahmen entsprächen, so wie bei der „Pankower Ekelliste", sei der Staat nicht mehr berechtigt, mittels des „Realaktes Öffentlichkeitsarbeit" die den Adressaten schützenden strengen Voraussetzungen von Zwangsmaßnahmen mittels der Wahl von Realakten zu umgehen.[15]

Im Ergebnis zum Glykol-Fall bedurfte es nach Auffassung des Bundesverfassungsgerichts keiner gesonderten gesetzlichen Ermächtigung zur Warnung der Verbraucher mittels marktbezogener Information. Sie beeinträchtigen den grundrechtlichen Gewährleistungsbereich der betroffenen Winzer als Wettbewerber aus Art. 12 Abs. 1 Grundgesetz (Berufsfreiheit) nicht unzumutbar, sofern der Einfluss auf wettbewerbserhebliche Faktoren ohne Verzerrung der Marktverhältnisse nach Maßgabe der rechtlichen Vorgaben für staatliches Informationshandeln erfolgt. Diese sind das Vorliegen einer staatlichen Aufgabe unter Einhaltung der Zuständigkeitsordnung (siehe Abschn. 3.1.1), die Verhältnismäßigkeit (siehe Abschn. 3.1.3) und die Beachtung der Anforderungen an die Richtigkeit und Sachlichkeit von Informationen (siehe Abschn. 3.2.5).[16]

---

[14] Maurer: Verwaltungsrecht, § 6 Rn. 18.
[15] VG Berlin, Beschluss v. 19. März 2014, Az. 14 L 35.14.
[16] BVerfG, Beschluss v. 26. Juni 2002, Az. 1 BvR 558, 1428/91. „Glykol-Warnung".

Nochmals deutlich wird mit den vorangegangenen Beispielen, dass Öffentlichkeitsarbeit dann über die Zuständigkeitsordnung und den Vorrang des Gesetzes hinaus weiterreichenden Regelungen unterworfen ist, wenn sie mit Veröffentlichungen nicht mehr *über* die Aufgabenerfüllung berichtet, sondern Mitteilungen Lenkungs- und Warnfunktionen erfüllen.

Eingriff durch positive Äußerungen
Grundsätzlich ist es möglich, dass Öffentlichkeitsarbeit auch durch positive Äußerungen in die Rechte der Nichtgenannten eingreifen kann. Dieses ist insbesondere im Zusammenhang mit Produktempfehlungen relevant, welche die Gleichbehandlung mit Mitbewerbern beeinträchtigen können.[17]

So geriet beispielsweise die Herausstellung des Lebensmittelkonzerns Nestlé durch das Bundesministerium für Ernährung und Landwirtschaft in die Kritik. Im Juni 2019 hatte die Landwirtschaftsministerin Julia Klöckner den Deutschland-Chef von Nestlé besucht und ein Video über die sozialen Netzwerke verbreitet. Darin dankte sie für die Unterstützung, die Nestlé Deutschland ihr beim Kampf gegen zu viel Fett und Zucker im Essen versprochen habe.

„Zwar besteht grundsätzlich ein Informationsinteresse an der Initiative des Bundesministeriums und an der Beteiligung der Wirtschaft zur Erreichung der selbstgesteckten Ziele. Auch in anderen Branchen ist die Politik darauf angewiesen, dass die Wirtschaft und Industrie mit ihr an einem Strang ziehen. Es ist aber nichts ersichtlich dafür, dass Nestlé einseitig eine Plattform bereitgestellt wird, um die unternehmenseigenen Maßnahmen auf dem Account eines Bundesministeriums zu bewerben. Es ist für die Information der Gesellschaft über die Initiative auch nicht erforderlich, dass im Begleittext auf den Social-Media-Account von Nestlé verlinkt wird."[18]

---

[17] Vgl. BGH, Urteil v. 18. Oktober 2001 Az. IZR 193/99 („Elternbriefe"); BGH, Urteil v. 12. Juli 2012, Az. IZR 54/11 („Solarinitiative").
[18] Laoutoumai: Werberechtliche Grenzen staatlicher Empfehlungen, https://rechtdigital.blog/2019/06/07/werberechtliche-grenzen-staatlicher-empfehlungen/.

3.1.3 Grundsatz der Verhältnismäßigkeit

In den Fällen, in denen Inhalte der Öffentlichkeitsarbeit die Grundrechte eines Bürgers berühren und dennoch kein Gesetz erforderlich ist (siehe Beispiel „Warnung vor Glykol im Wein"), entfällt damit selbstverständlich nicht der Grundsatz der Verhältnismäßigkeit staatlichen Handelns. Die konkreten Informationshandlungen des Staates müssen stets dem rechtsstaatlichen Prinzip der Verhältnismäßigkeit entsprechen. Das bedeutet, dass kollidierende Interessen, Freiheiten oder Rechtsprinzipien in ein angemessenes Verhältnis zueinander gesetzt werden müssen. Öffentlichkeitsbezogene staatliche Stellungnahmen müssen also nicht nur *geeignet* sein, den zu gewährleistenden öffentlichen und privaten Belangen in dem notwendigen Umfang Rechnung zu tragen. Sie müssen sich darüber hinaus auch strikt innerhalb der Grenzen der *Erforderlichkeit und der Angemessenheit* bzw. Zumutbarkeit halten.[19] Hierzu gehört insbesondere das Übermaßverbot. Die Konflikte der Interessen und Freiheiten sind in einen schonenden Ausgleich zu bringen und dürfen nicht mehr als nötig geschmälert werden.

3.1.4 Klagemöglichkeiten der Bürger und Bürgerinnen bei unzulässiger Öffentlichkeitsarbeit

Auch Realakte, wie Mitteilungen im Rahmen der Öffentlichkeitsarbeit an die Bürger und Bürgerinnen, müssen rechtmäßig sein. Die Rechtsweggarantie (Art. 19 Abs. 4 Satz 1 Grundgesetz) besteht auch für Realakte der Verwaltung und damit für den gesamten Bereich der Öffentlichkeitsarbeit, die dem staatlichen Handeln zuzurechnen ist (siehe Kap. 2). Wendet sich der Bürger gegen staatliches Informationshandeln und Verlautbarungen, handelt es sich um eine Streitigkeit, die nach öffentlichen Recht und nicht nach dem Privatrecht zu behandeln ist. Der Rechtsweg steht grundsätzlich zu den Verwaltungsgerichten nach § 40 Abs. 1 VwGO offen.[20]

---

[19] BVerfG, Beschluss v. 15. August 1989, Az. 1 BvR 881/89 („Sekten-Warnung").
[20] Vgl. BVerwG, Urteil v. 8. November 2022, Az. VI ZR 65/21.

Die Klageart ist die sogenannte allgemeine Leistungsklage, mittels der ein Unterlassen unzulässiger Inhalte der Öffentlichkeitsarbeit verlangt werden kann.[21] Hat sich die Beeinträchtigung durch die Löschung der öffentlichen Mitteilung schon erledigt, kommt eine Feststellungsklage[22] in Betracht.

Ist mit der Beeinträchtigung ein Schaden für den Betroffenen verbunden, besteht die Möglichkeit einer „Wiedergutmachung". Das sogenannte Restitutionsinteresse kann mit einem Folgenbeseitigungsanspruch oder mit einem Amtshaftungsanspruch geltend gemacht werden.

Von hoher Bedeutung bei der Öffentlichkeitsarbeit von Hoheitsträgern ist der öffentlich-rechtliche Unterlassungsanspruch. Er kann dann geltend gemacht werden, wenn in Amtsausübung getätigte Äußerungen rechtlich geschützte Interessen des Klagenden beeinträchtigen.

Beispiele zur Beeinträchtigung rechtlich geschützter Interessen durch Äußerungen von Hoheitsträgern

Die Bürgermeisterin einer Gemeinde bezeichnet auf der Facebook-Seite der Gemeinde die Liegenschaft einer Kfz-Werkstatt auf Grund der desolaten Gebäude als einen „Schandfleck für die Innung". Da diese Äußerung dazu geeignet ist, das Vertrauen in die Fähigkeiten des Werkstattinhabers zu erschüttern, kann er grundsätzlich über den Verwaltungsrechtsweg die Löschung der Äußerung erstreiten. Als geschützte Rechtsposition des Werkstattinhabers kommt das aus dem Privatrecht bestehende Recht am eingerichteten und ausgeübten Gewerbebetrieb so wie auch ein Eingriff in das allgemeine Persönlichkeitsrecht des Inhabers in Betracht.

3.1.4.1 Zulässigkeit einer Unterlassungsklage

Nicht jeder Bürger kann gegen Veröffentlichungen der Verwaltung vorgehen, nur weil er sich gestört fühlt. So genügt es beispielsweise für die *Zulässigkeit* der Klage nicht, allein zu behaupten, die Behörde habe Mitteilungen verbreitet, die nicht in einem Sachzusammenhang mit den der Behörde zugewiesenen Aufgaben stehen.[23]

---

[21] Vgl. Fechner: Medienrecht, S. 127.
[22] § 43 Absatz 1 Verwaltungsgerichtsordnung.
[23] Kompetenzüberschreitungen unterliegen der internen Fach- und Dienstaufsicht.

3 Verwaltungs- und verfassungsrechtliche Grundsätze der ... 69

Zur Klagebefugnis muss der Kläger die Behauptung einer Rechtsverletzung vorbringen, die *möglicherweise* einen Anspruch auf die begehrte Unterlassung begründen kann. Die jeweilige Mitteilung muss zumindest mittelbare Auswirkungen auf den Kläger erkennen lassen, sodass *möglicherweise* durch die öffentliche Mitteilung eine rechtliche Beeinträchtigung für den Kläger bestehen kann. Ob die Rechtsverletzung dann tatsächlich auch besteht, ist eine zweite Frage, die im Gerichtsverfahren in der Begründetheit der Klage geprüft wird.

Zulässigkeit einer Klage am Beispiel der Öffentlichkeitsarbeit „Aktion Saubere Gemeinde"

Keine Zulässigkeit gegeben: Gemeinde G teilt zur „Aktion Saubere Gemeinde" auf ihrer Website mit: „Treff zum Frühjahrsputz ist um 10 Uhr an den bekannten Sammelpunkten. Arbeitshandschuhe sollten mitgebracht werden. Nach getaner Arbeit gibt es wie üblich Getränke und eine kleine Stärkung." Bürger A findet die Aktion überflüssig und sich durch die Mitteilung belästigt. In diesem Beispiel ist die Möglichkeit einer Rechtsverletzung, die *möglicherweise* einen Anspruch des A auf Unterlassung begründet, nicht ersichtlich. Es ist offensichtlich und eindeutig ausgeschlossen, dass die Ankündigung der Aktion in eine rechtlich geschützte Rechtsposition des A eingreift.

Zulässigkeit gegeben: „Treff zum Frühjahrsputz ist um 10 Uhr an den bekannten Sammelpunkten. Schwerpunkt der Aktion sind leider auch in diesem Jahr wieder wilde Müllkippen im Bereich der Eichenstraße 15." Herr B, Anwohner der Eichenstraße 15, findet die öffentliche Mitteilung „diskriminierend", weil nach seiner Ansicht der Eindruck entstehe, er habe etwas mit der illegalen Müllbeseitigung zu tun. Die Behauptung des B durch den Inhalt der Mitteilung rechtswidrig beeinträchtigt zu sein, darf dann nicht von vornherein ausgeschlossen werden, wenn es nicht völlig unwahrscheinlich erscheint, dass die Mitteilung als reale Handlung der Verwaltung in einen rechtlich geschützten Lebensbereich des B hineinreichen könnte. Mit der Bekanntgabe der Hausnummer im Zusammenhang mit illegaler Müllentsorgung ist es nicht von vornherein völlig ausgeschlossen, dass B durch die Mitteilung in seinem allgemeinen Persönlichkeitsrecht (hier in der Ausformung des Rechts auf informationelle Selbstbestimmung) verletzt wird.

3.1.4.2 Begründetheit der Klage

Ist die Klage zulässig, muss sich das Gericht mit der Rechtmäßigkeit der jeweiligen Mitteilung als Einzelfall der Öffentlichkeitsarbeit befassen. Hierzu gehören die Klärung der Fragen, ob die Mitteilung im Kompetenzbereich der Behörde liegt, ob die Mitteilung einer speziellen gesetzlichen Ermächtigung bedarf und ob diese ausreichend ist (Vorbehalt des Gesetzes), ob sie gegen das geltende Recht verstößt (Vorrang des Gesetzes), ob die Verhältnismäßigkeit gewahrt ist und ob die Mitteilung den verfassungsrechtlichen Grundsätzen zur staatlichen Öffentlichkeitsarbeit entspricht (nachfolgender Abschn. 3.2). Ist der von einer Äußerung Betroffene zur Duldung verpflichtet, ist die Äußerung nicht rechtswidrig. Werturteile sind zu dulden, wenn sie nicht gegen das Willkürverbot verstoßen. Im Einzelfall ist dann zu prüfen, ob das Werturteil auf einem im Wesentlichen zutreffenden oder zumindest sachgerecht und vertretbar gewürdigten Tatsachenkern beruht. Zudem darf der sachlich gebotene Rahmen nicht überschritten werden. Siehe hierzu Abschn. 3.2.5 zur Sachlichkeit und Richtigkeit von Informationen.

> **Ihr Transfer in die Praxis**
>
> Bevor Sie sich zu einem Thema äußern, können Sie überprüfen, ob Ihr Thema im Aufgabenbereich Ihrer öffentlichen Einrichtung liegt. Haben Ihre Themen einen Bezug zur gesetzlich oder durch Satzung bestimmten Aufgabe Ihrer Einrichtung?
> Bewegt sich Ihre Mitteilung noch im Rahmen der Berichterstattung *über* die Aufgabenerfüllung? Bei Lenkungs- und Warnfunktionen einer Mitteilung sollte diese auf den Bestand einer ausreichenden Rechtsgrundlage überprüft werden. Ebenso verhält es sich mit marktbezogenen Informationen, wie beispielsweise durch Nennung von Produkten und Dienstleistungen.
> Wenn personenbezogene Daten durch die Mitteilung offengelegt werden, ist eine Rechtsgrundlage entsprechend den Datenschutzgesetzen erforderlich.
> Zur Einhaltung des Sachlichkeitsgebotes sollte auf die journalistische Arbeitstechnik zum Abfassen von Meldungen zurückgegriffen werden.

3.2 Verfassungsrechtliche Grundsätze zur staatlichen Öffentlichkeitsarbeit

Nicht sofort offensichtlich sind die einzuhaltenden verfassungsrechtlichen Gebote zur staatlichen Öffentlichkeitsarbeit. Zum einen ist Öffentlichkeitsarbeit als tatsächliche Handlung (Realakt, siehe Abschn. 3.1.1.1) meist nicht gesetzlich geregelt und zum anderen sind die bei der Öffentlichkeitsarbeit zu beachtenden verfassungsrechtlichen Gebote ebenfalls nicht *direkt* im Grundgesetz determiniert. Sie müssen erst aus verfassungsrechtlichen Grundsätzen hergeleitet werden. Dieses ist durch die Rechtsprechung und durch die Lehre aus dem im Grundgesetz verankerten Rechtsstaats- und Demokratieprinzip geschehen.

Verfassungsrechtliche Gebote zur Öffentlichkeitsarbeit

Folgende Gebote sind bei der Öffentlichkeitsarbeit der öffentlichen Verwaltung einzuhalten:

- Gebot zur Information der Öffentlichkeit,
- Staatsfreiheit der Willensbildung als Gebot zur Zurückhaltung im politischen Willensbildungsprozess,
- Parteipolitische Neutralität als Gebot zur Wahrung der Chancengleichheit der politischen Parteien,
- Staatsferne der Presse als Gebot zur Zurückhaltung im Meinungsbildungsprozess und zur Garantie der Institution der freien Presse,
- Sachlichkeit und Richtigkeit der Informationen.

3.2.1 Gebot zur Information der Öffentlichkeitsarbeit

Die Öffentlichkeitsarbeit ist „nicht nur verfassungsrechtlich zulässig, sondern notwendig, um den Grundkonsens im demokratischen Gemeinwesen lebendig zu erhalten und die Bürgerinnen und Bürger zur eigenverantwortlichen Mitwirkung an der politischen Willensbildung sowie der Bewältigung vorhandener Probleme zu befähigen."[24]

---

[24] BVerfG, Urteil v. 27. Februar 2018, Az. 2 BvE 1/16.

Merkmale rechtmäßiger Öffentlichkeitsarbeit	Merkmale unzulässiger Werbung
• Beschränkung auf Sachinformation • Berichterstattung: „Wer, Was, Wann, Wo, Wie, Warum und Weshalb"	• appellativ, manipulativ • Kaufaufforderungen • Herausstellen von Leistungen/Image • Emotionsbezogenheit • ideologisch gefärbt = weltanschauliche Inhalte • „reklamehafte Aufmachung"
erlaubter Rahmen	kritischer Bereich	unzulässiger Bereich

Abb. 3.2 Abgrenzungskriterien zwischen zulässiger und unzulässiger Öffentlichkeitsarbeit

Staatliches Handeln sowie dem Handeln zugrunde liegende Entscheidungsprozesse sollen sich nicht im Verborgenen abspielen. Der unerlässliche Meinungs- und Willensbildungsprozess kann nur dann bestehen, wenn die Bürgerinnen und Bürger hinreichend informiert sind. Öffentlichkeitsarbeit trägt somit zur Transparenz staatlicher Aktivitäten bei. Damit wird deutlich, wie wichtig staatliche Öffentlichkeitsarbeit für ein Gemeinwesen ist.

Gleichzeitig ergeben sich hieraus die Grenzen der Öffentlichkeitsarbeit: Der Staat muss den Willensbildungsprozess ermöglichen, aber er darf dabei nicht die Meinungsbildung in eine bestimmte Richtung beeinflussen. Der Staat muss also einerseits Öffentlichkeitsarbeit betreiben, jedoch stets nur so weit, dass dabei die Meinungsbildung selbst nicht beeinflusst wird. Vereinnahmungen der Bevölkerung durch den Staat sind durch den Grundsatz der Staatsfreiheit der Willensbildung ausgeschlossen. Die Abb. 3.2 zeigt die Gratwanderung von einer zulässigen Öffentlichkeitsarbeit hin zu unzulässigen Vereinnahmungsversuchen der Bevölkerung.

3.2.2 Staatsfreiheit der Willensbildung

Das Informationsgebot findet seine Grenzen im Gebot der Staatsfreiheit der Willensbildung. Damit die politische Willensbildung des Volkes ihre

Aufgabe in der Demokratie erfüllen kann, muss sie vor Einflüssen geschützt werden, die eine freie Meinungsbildung und damit den Willensbildungsprozess gefährden. „Dazu gehört an vorderster Front der Schutz vor erdrückendem staatlichen Einfluss. Es muss dem Staat verwehrt bleiben, mit den ihm anvertrauten Ressourcen Einfluss auf den Prozess zu nehmen, der ihn erst hervorbringen soll."[25] Der politische Meinungs- und Willensbildungsprozess muss frei, offen und unreglementiert sein. Es sollen alle politischen Interessen Zugang zum Markt der Meinungen haben und sich entfalten können.[26]

Der Grundsatz der Staatsfreiheit der Willensbildung bedeutet, dass Öffentlichkeitsarbeit zur Neutralität verpflichtet ist. In der Demokratie des Grundgesetzes geht alle Staatsgewalt vom Volke aus. Sie wird vom Volke aus durch Wahlen und Abstimmungen legitimiert und durch die öffentliche Verwaltung als vollziehende Gewalt ausgeübt. Demokratische Legitimation der Verwaltung im Sinne von Art. 20 Abs. 2 Grundgesetz vermögen Wahlen und Abstimmungen aber nur zu vermitteln, wenn sie frei sind. Hierzu gehört, dass Wählerinnen und Wähler ihr Urteil in einem freien und offenen Prozess der Meinungsbildung gewinnen und fällen können.[27]

3.2.3 Parteipolitische Neutralität

Aus dem Gebot zur Staatsfreiheit der Meinungs- und Willensbildung und dem Grundsatz der Chancengleichheit der politischen Parteien folgt das Gebot zur parteipolitischen Neutralität. Das aus Art. 21 Abs. 1 Satz 1 Grundgesetz gewährte Recht der politischen Parteien auf Chancengleichheit wird dann verletzt, wenn staatliche Öffentlichkeitsarbeit einseitig zugunsten oder zulasten einer politischen Partei oder einzelner Wahlbewerber auf den Wahlkampf Einfluss nimmt. Wann die Grenze zulässiger Öffentlichkeitsarbeit zur unzulässigen Wahlwerbung überschritten ist, ist nach den Umständen des Einzelfalls zu ermitteln. Dabei

---

[25] Drefs: Öffentlichkeitsarbeit, S. 139.
[26] Disçi: Grundsatz politischer Neutralität, S. 137.
[27] BVerfG, Urteil v. 27. Februar 2018, Az. 2 BvE 1/16 („Wanka Urteil").

sind Inhalt, Aufmachung und Anlass der Publikation sowie der Verbreitungsumfang in die Bewertung einzubeziehen.[28] Auch außerhalb von Wahlkampfzeiten erfordert der Grundsatz der Chancengleichheit die Beachtung des Gebotes der Neutralität.[29] Eine Orientierung zu den Abgrenzungskriterien für die praktische Arbeit vermittelt die Abb. 3.2.

Beispiele zur Überschreitung des Gebots der parteipolitischen Neutralität

„Wanka Urteil"
Auf die Ankündigung einer AfD Versammlung unter dem Motto „Rote Karte für Merkel! – Asyl braucht Grenzen!" hatte die Bundesministerin für Bildung und Forschung, Johanna Wanka, mit einer Pressemitteilung reagiert. Darin ließ sie sich mit folgender Aussage zitieren: „Die Rote Karte sollte der AfD und nicht der Bundeskanzlerin gezeigt werden. Björn Höcke und andere Sprecher der Partei leisten der Radikalisierung in der Gesellschaft Vorschub. Rechtsextreme, die offen Volksverhetzung betreiben wie der Pegida-Chef Bachmann, erhalten damit unerträgliche Unterstützung."
  Durch die Veröffentlichung der Pressemitteilung auf der Internetseite des Ministeriums und durch die Verwendung des Dienstwappens griff die Ministerin nach Auffassung des Gerichts auf die Autorität ihres Amtes zurück. Durch die einseitige Einflussnahme auf die politische Kundgebung einer Partei habe sie das Neutralitätsgebot und damit das Recht der Partei auf Chancengleichheit verletzt. Zwar habe die Bundesregierung das Recht, Kritik an ihrer Arbeit öffentlich zurückzuweisen. Sie müsse dabei aber stets sachlich bleiben. Ein „Recht auf Gegenschlag", also auf unsachliche Zurückweisung eines unsachlichen Angriffs, bestehe nicht.[30]
Empfehlung der Bürgermeister zur Landratswahl
Die Bürgermeister 37 kreisangehöriger Gemeinden hatten zur Landratswahl in den Tageszeitungen des Landkreises eine Anzeige mit folgendem Wortlaut veröffentlicht:
  „Wir Bürgermeister im Landkreis Rhön-Grabfeld erklären unser Interesse zur Wahl des Landrates am 6. März 1994, indem wir unsere Bevölkerung bitten, zur Wahl zu gehen. Dabei können Sie die erfolgreiche und sachbezogene Kreispolitik unseres Landrates[31] mit Ihrem Votum unterstützen

---

[28] BVerfG, Urteil v. 02. März 1977, Az. 2 BvE 1/76.
[29] BVerfG, Urteil v. 27. Februar 2018, Az. 2 BvE 1/16 („Wanka Urteil").
[30] BVerfG, Urteil v. 27. Februar 2018, Az. 2 BvE 1/16 („Wanka Urteil").
[31] Name durch den Autor gelöscht.

3 Verwaltungs- und verfassungsrechtliche Grundsätze der ...

und unsere Dankbarkeit und Anerkennung für die erfolgreiche Arbeit während der vergangenen 18 Jahre Dienstzeit bestätigen." Nach diesem Text folgten unter Voranstellung der Dienstbezeichnungen die Namen von 33 ersten Bürgermeistern und vier zweiten Bürgermeistern sowie die Ortsnamen der jeweiligen Gemeinde mit dem Zusatz Gemeinde, Markt oder Stadt.

Das Bundesverwaltungsgericht hat hierzu unter anderem ausgeführt: Wahlempfehlungen zugunsten einer Partei oder eines Wahlbewerbers, die ein Bürgermeister in amtlicher Eigenschaft abgibt, werden nicht durch das Grundrecht auf freie Meinungsäußerung (Art. 5 Abs. 1 Satz 1 GG) gedeckt. Sie verstoßen vielmehr gegen die den Gemeinden und ihren Organen durch das bundesverfassungsrechtliche Gebot der freien Wahl auch im Kommunalwahlkampf auferlegte Neutralitätspflicht. Nach dem verfassungsrechtlichen Grundsatz der freien Wahl (Art. 38 Abs. 1 Satz 1, Art. 28 Abs. 1 Satz 2 GG) muss der Wähler in einem freien und offenen Prozess der Meinungsbildung ohne jede unzulässige Beeinflussung von staatlicher oder nichtstaatlicher Seite zu seiner Wahlentscheidung finden können. Das Gebot der freien Wahl untersagt es staatlichen und gemeindlichen Organen, sich in amtlicher Funktion vor Wahlen mit politischen Parteien oder Wahlbewerbern zu identifizieren und sie als Amtsträger zu unterstützen oder zu bekämpfen. Zulässige amtliche Öffentlichkeitsarbeit findet ihre Grenze dort, wo offene oder versteckte Wahlwerbung beginnt. Setzen sich Bürgermeister in einer an „unsere Bevölkerung" gerichteten Zeitungsanzeige unter Hervorhebung ihrer Amtsbezeichnungen und mit Hinweisen auf dienstliche Erfahrungen für einen Kandidaten ein, so liegt eine unzulässige amtliche Wahlwerbung vor.[32]

3.2.4 Staatsferne der Presse

Hohe praktische Relevanz hat für die Öffentlichkeitsarbeit der Grundsatz der Staatsferne der Presse. Denn im Werben um Aufmerksamkeit und Reichweite haben in der Vergangenheit zahlreiche kommunale Pressestellen ihre Inhalte so wie die äußeren Aufmachungen an das Erscheinungsbild der Presseerzeugnisse angepasst. Damit sind Konflikte vorprogrammiert.

Der Grundsatz der Staatsferne der Presse folgt aus Art. 5 Abs. 1 Satz 2 Grundgesetz und besagt, dass es grundsätzlich dem Staat verwehrt ist,

---

[32] BVerwG, Urteil v. 18.04.1997, Az. 8 C 5.96.

durch Verbreitung eigener Presseerzeugnisse in Konkurrenz mit privaten Verlagen zu treten (siehe Abschn. 2.2.3 mit Beispielen). Dieser Grundsatz betrifft nicht nur digitale und gedruckte Amtsblätter, die über Themen aus allen Bereichen der Gesellschaft ohne einen Bezug zur hoheitlichen Aufgabe berichten, sondern auch die Aktivitäten in sozialen Netzwerken.

Pressestellen hatten in der Vergangenheit die Rolle eines Zulieferers für die klassischen Medien. Diese haben in eigener Verantwortung und nach eigenen Kriterien die Auswahl der von den Behörden zur Verfügung gestellten Informationen getroffen. Die heutige Veröffentlichungspraxis der Behörden über soziale Netzwerke erreicht die Leserschaft nicht mehr allein über den Weg der Redaktionen. Damit besteht faktisch ein Wettbewerbsverhältnis um Aufmerksamkeit, welches die klassischen Medien in ihrer Marktstellung berührt.

> **Beispiel Pressestelle in sozialen Medien als Konkurrenz zu den Medien**
>
> Das Forstamt der Stadt S organisiert einen inoffiziellen Besuch des Ministerpräsidenten zur Besichtigung der Trockenschäden des Stadtforstes der Stadt S. Eine Pressemitteilung und zwei honorarfreie Fotos werden zwei Tage nach dem Ereignis der Presse zur Verfügung gestellt. Noch am selben Tag des Ereignisses veröffentlicht das Forstamt auf Facebook einen ausführlichen Bericht mit mehreren professionellen Fotos, die den Ministerpräsidenten nebst Forstbediensteten während der Begehung zeigen.
>
> Diese Praxis der „exklusiven" Inhalte erscheint bedenklich, wenn es hierfür nicht ausnahmsweise einen besonderen Grund gibt. Der Ausschluss der Presse und die Verhinderung zur unabhängigen (Bild-)Berichterstattung verstößt gegen das Gebot der Staatsferne der Presse, wenn die Pressestelle monopolartig unter Ausnutzung ihres Wissensvorsprungs Inhalte zu einem Ereignis produziert, an denen ein öffentliches Interesse besteht und Journalisten nicht selbst die Gelegenheit hatten, an dem Termin teilzunehmen.

Soweit die Öffentlichkeitsarbeit der öffentlichen Verwaltung den Boden der aufgabenbezogenen Berichterstattung verlässt oder sie unter Nutzung ihres Wissensvorsprungs unter Ausschluss der Presse zu einem die Presse ersetzenden Produkt wird, berührt dies auch die Staatsfreiheit der Meinungsbildung durch faktisch monopolisierte staatliche Berichter-

3 Verwaltungs- und verfassungsrechtliche Grundsätze der ...

stattung. Zudem wird das Gebot Staatsfreiheit der Presse mit seiner Bestandsgarantie der Medienunternehmen zur Gewährleistung einer freien Presse durch Wettbewerb gefährdet.

> **Beispiel Handout-Fotos einer Pressestelle**
>
> Eine Berufsfeuerwehr fertigt von ihren Einsätzen Fotos an und stellt diese zum Download auf dem Presseportal der Kreisverwaltung gegen eine Aufwandsentschädigung von 25 € Redaktionen zur Verfügung. Weiter verbreitet die Feuerwehr ihre Fotos in sozialen Netzwerken zwecks Berichterstattung über ihre Einsätze.
>
> Das Landgericht München[33] sieht darin keinen Verstoß gegen das Gebot der Staatsferne der Presse als Marktverhaltensregel. Denn Journalisten hätten auf Grund der zeitnahen Benachrichtigungen per SMS durch die Feuerwehr selbst die Möglichkeit, eigene Fotos anzufertigen und somit seien Journalisten nicht vom Markt ausgeschlossen. Auch habe das Angebot keinen die Presse ersetzenden Charakter, wenn die Fotos im Rahmen der sachlichen Kurzberichterstattung über die Aufgabenerfüllung der Feuerwehr von ihr selbst verbreitet würden. Weiter richte sich das Download-Angebot an Redaktionen und damit sei es dazu gedacht, die Berichterstattung durch die Medien anzustoßen und nicht zu ersetzen.

3.2.4.1 Sicherung der Meinungsvielfalt und Marktverhaltensregel

Das für den Staat bestehende Gebot, sich nur in engen Grenzen auf dem Gebiet der Presse zu betätigen, dient der Sicherung der Meinungsvielfalt. Es regelt damit die Frage, wie sich Hoheitsträger und von Hoheitsträgern beherrschte Unternehmen im Falle ihrer Teilnahme am Wettbewerbsgeschehen auf dem Gebiet der Presse zu verhalten haben. Das Gebot der Staatsferne der Presse stellt damit insoweit, als es auch den Schutz der Mitbewerber und der Verbraucher bezweckt, eine Marktverhaltensregelung im Sinne des § 4 Nr. 11 Gesetz gegen den unlauteren Wettbewerb (UWG) dar.[34]

---

[33] LG München, Urteil v. 24. April 2020, Az. 37 O 4465/19 („Feuerwehr Fotos").
[34] BGH, Urteil v. 15. 12. 2011, Az. I ZR 129/10 („Einkauf Aktuell").

Nach einer Entscheidung des Landgerichts Dortmund vom 8. November 2019 sind die vom Bundesgerichtshof entwickelten Grundsätze zu Amtsblättern ebenso auf Internetportalen der Kommunen anzuwenden. Unterscheidet sich die äußere Aufmachung und inhaltliche Ausgestaltung der einzelnen Beiträge, von Ausnahmen abgesehen, nicht wesentlich von dem Angebot eines privaten, digitalen Nachrichtenportals, ist damit das Gebot der Staatsferne der Presse verletzt (siehe zur Staatsferne der Presse Beispiele und Abschn. 2.2.3).[35]

3.2.4.2 Unterlassungsanspruch der Presseverlage

Wird gegen das Gebot der Staatsferne der Presse verstoßen, können Presseverlage einen Anspruch auf Unterlassung geltend machen.[36] Dieser Anspruch besteht dann, wenn die staatlichen Publikationen zu einem Ersatz privater Presserzeugnisse werden: „Je stärker eine kommunale Publikation den Bereich der ohne Weiteres zulässigen Berichterstattung überschreitet und bei den angesprochenen Verkehrskreisen, auch optisch, als funktionales Äquivalent zu einer privaten Zeitung wirkt, desto eher ist die Garantie des Instituts der freien Presse aus Art. 5 Abs. 1 Satz 2 Grundgesetz gefährdet und die daraus abgeleitete Marktverhaltensregelung des Gebots der Staatsferne der Presse verletzt." [37]

3.2.5 Sachlichkeit und Richtigkeit der Informationen

Wie jedes Staatshandeln unterliegt auch die Informations- und Öffentlichkeitsarbeit dem Sachlichkeits- und Richtigkeitsgebot. Äußerungen der öffentlichen Verwaltung entsprechen dem Sachlichkeits- und Richtigkeitsgebot dann,

- wenn sie der Wahrheit entsprechen,
- wenn sie objektiv und frei von Emotionen sind,

---

[35] LG Dortmund, Urteil v. 08. 2019, Az. AO 262/17 („Stadtportal Dortmund").
[36] Unterlassungsanspruch nach den §§ 8 Abs. 1, 3 Abs. 1, 3a UWG in Verbindung mit dem aus Art. 5 Abs. 1 S. 2 GG abgeleiteten Gebot der Staatsferne der Presse.
[37] BGH, Urteil v. 20.12.2018, Az. I ZR 112/17 („Crailsheimer Stadtblatt II").

3 Verwaltungs- und verfassungsrechtliche Grundsätze der ...

- wenn sie keine Herabsetzungen enthalten,
- wenn sie nicht übertreiben und
- wenn sie nicht polemisch sind.[38]

Ironie, Witze und Parodien, egal ob gelungen oder nicht gelungen, verstoßen gegen das Sachlichkeitsgebot.

Die Abb. 3.3 zeigt als Beispiel zur Überschreitung des Sachlichkeitsgebotes der Eingriffsverwaltung einen Tweet zur Information über die Corona-Pandemie durch die Berliner Polizei. Die Wortschöpfung „Gefahrensuchende" legt nahe, dass Besucher der Berliner Parks Ansteckungsrisiken bewusst suchen. Um den gewünschten Aufenthalt in der Wohnung attraktiv zu gestalten, empfiehlt die Polizei darüber hinaus „Katastrophen-Filme" anzuschauen. Damit erweckt die Mitteilung den Eindruck, als mache sich die Polizei über Bürgerinnen und Bürger, die durch die Maßnahmen gegen die Ausbreitung des Virus betroffen sind, lustig.

Abb. 3.3 Polemischer Tweet der Polizei

---

[38] Dişçi: Grundsatz politischer Neutralität, S. 80.

Werturteile eines Amtsträgers im nicht parteipolitischen Kontext

Das Neutralitätsgebot wird aus dem Wettbewerb der politischen Parteien hergeleitet. In Ämtern befindliche Parteipolitikerinnen und -politiker sollen zur Herstellung der Chancengleichheit der Parteien nicht in amtlicher Funktion mit staatlichen Mitteln zulasten konkurrierender Parteien Stellung beziehen dürfen.

Die Äußerungsbefugnisse von Hoheitsträgern bezüglich Mitteilungen, die nicht im Kontext des politischen Wettbewerbs getroffen werden, beurteilen sich daher nicht nach den Neutralitätsanforderungen des aus der Verfassung hergeleiteten Neutralitätsgebotes zur Chancengleichheit politischer Parteien im politischen Diskurs.[39]

Maßgeblich ist für die Informations- und Öffentlichkeitsarbeit von Amtsträgern das Sachlichkeitsgebot, wenn im Kontext der Aufgabenerfüllung Äußerungen gegenüber der Bevölkerung getan werden. So sind Werturteile über andere Personen nach den Anforderungen des Sachlichkeitsgebotes zu beurteilen. Werturteile sind nicht von vornherein durch das Gebot zur Sachlichkeit ausgeschlossen. Sie genügen dem Sachlichkeitsgebot, wenn sie im konkreten Fall verhältnismäßig sind. So hebt das Bundesverfassungsgericht für Äußerungen als Erwiderung auf Infragestellungen exekutiven Handelns hervor, dass Vereinfachungen, Verkürzungen und pointierte Zuspitzungen auch im Zusammenhang mit dem jeweiligen Medium der Veröffentlichung betrachtet werden müssen. Nach Ansicht des Bundesverfassungsgerichts sind an die Äußerungen in sozialen Medien weniger strenge Maßstäbe anzulegen, als dieses beispielsweise in einer gedruckten wissenschaftlichen Abhandlung der Fall wäre.[40]

---

[39] BVerfG, Beschluss v. 8. September 2020.
[40] BVerfG, Beschluss v. 8. September 2020. Hier ging es um eine individuelle, nicht öffentliche briefliche Erwiderung auf eine Kritik eines Bürgers an einem Ausstellungskonzept des NS-Dokumentationszentrums der Stadt München. Missverständlich könnte die Benennung sozialer Medien in dieser Entscheidung sein, da gerade in sozialen Medien mit ihrem hohen Verbreitungspotenzial das Maß einer Erwiderung die Grenze zur Diskreditierung des Kritik übenden Bürgers erreicht.

3.3 Umsetzung von Neutralität und Sachlichkeit – Journalistische Standards

Öffentlichkeitsarbeit der öffentlichen Verwaltung ist nicht journalistische Arbeit im Rahmen einer unabhängigen und freien Presse. Dennoch bedient sich die Öffentlichkeitsarbeit bei der Erstellung ihrer Inhalte journalistischer Standards. Diese können bei der Umsetzung des Neutralitäts- und Sachlichkeitsgebots beim Verfassen von Mitteilungen an die Bürgerinnen und Bürger hilfreich sein.

Mitteilungen müssen sich im Rahmen der vorangegangenen beschriebenen Gebote und Pflichten befinden (siehe Abschn. 3.2). Insbesondere bei der Umsetzung des Neutralitäts- und Sachlichkeitsgebotes helfen die journalistischen Textformen zur Meldung, zur Nachricht sowie zum Bericht.

Auch beim Verfassen von Pressemitteilungen hilft der Rückgriff auf die Textform Nachricht und Bericht. So gilt beispielsweise auch für Pressemitteilungen, dass ein hierarchischer Aufbau (das Wichtigste zuerst) eingehalten wird.

Die nachfolgende Darstellung dient zur ersten Orientierung. Journalistische Textformen sind ausführlich in Lehrbüchern des Journalismus dargestellt, und sie können im Selbststudium und Fortbildungen erlernt werden.[41]

3.3.1 Objektive Perspektive

Das journalistische Gebot zur Objektivität in Informationstexten (Meldung, Nachricht, Bericht) wird öfter als ein unerfüllbares Ideal kritisiert. Dennoch besteht mit dem Bemühen der Trennung von kommentierenden Inhalten und informierenden Inhalten eine praxistaugliche Herangehensweise zur Abfassung von „objektiven Texten". Diese entstehen mühelos, wenn den Verfassern die Grundsätze der Textformen vertraut sind. Die

---

[41] Eine fachlich fundierte und verständliche Einführung bietet die Website „alpha Lernen" des Bayerischen Rundfunks: https://www.br.de/alphalernen/faecher/deutsch/journalistische-textsorten-meldung-feature-glosse100.html, letzter Aufruf am 25.05.2020.

journalistischen Form- und Aufbauregeln zur Meldung, Nachricht und zum Bericht zeigen den Weg. Er bewirkt die Beschränkung auf die Beantwortung von „W-Fragen" (siehe sogleich Abschn. 3.3.2) und verhindert die „Flucht in die Meinung" beim Abfassen der Texte. Die Einhaltung der Textformen „erzwingt" die inhaltliche Sachlichkeit und Neutralität, auf die es in der staatlichen Öffentlichkeitsarbeit besonders ankommt.

Meldungen, Nachrichten und Berichte beinhalten folgende Kriterien zur Herstellung der Objektivität:

- es sind nur Fakten enthalten,
- das Ergebnis soll nicht die Meinung des Autors wiedergeben,
- soweit auf Quellen zurückgegriffen wird, sind diese zu benennen und
- es ist zu beantworten, warum bestimmte Fragen zum Zeitpunkt einer Berichterstattung nicht beantwortet werden können.

3.3.2 Formen der Informationstexte und die W-Fragen

Meldung, Nachricht und Bericht gehören zum Texttyp der journalistischen Informationstexte. Merkmal ist, dass diese Texte nicht bewerten und keine Meinungen zum Inhalt haben. Die Funktion liegt im Nachrichtenwert durch die Beschränkung auf die Vermittlung von Tatsachen. Den Leserinnen und Lesern soll Wissen über Ereignisse vermittelt werden, die für diese sowohl neu als auch informativ sind.

- Eine Meldung ist kurz, sie besteht nur aus wenigen Zeilen.
- Die Nachricht füllt etwa eine Zeitungsspalte.
- Der Bericht bietet zusätzliche Hintergrundinformationen und kann mehrere Spalten lang sein.

Meldung, Nachricht und Bericht sind hierarchisch aufgebaut. Es besteht eine absteigende Gewichtung, wobei die wichtigsten Informationen den Anfang des Textes bilden.

Die Meldung ist die kürzeste Textform, sie beantwortet die zentralen W-Fragen: Wer handelt oder hat gehandelt? Was ist geschehen? Wann ist es geschehen? Wo ist es geschehen? Wie ist es geschehen? Eine Nachricht ist ausführlicher als eine Meldung, sie muss alle sieben der sogenannten W-Fragen beantworten: Zusätzlich zur Meldung: Warum ist es geschehen? Woher stammt die Information? Der Bericht entspricht im Aufbau und den W-Fragen einer Nachricht, die zusätzlich mit Hintergrundinformationen angereichert ist. Die Fakten sollen dadurch verständlicher werden.

3.3.3 Überschriften und Vorspann

Die Überschrift soll kurz die wichtigsten Informationen vermitteln. Die nachfolgende Unterzeile fasst die Kernaussage einer Nachricht zusammen, und der Vorspann eines Berichtes soll zum Weiterlesen motivieren, indem er die durch die Überschriften geweckte thematische Erwartung einleitend präzisiert.

Überschriften erzeugen Leserschaft und Reichweite. Sie entscheiden darüber, ob Leser und Leserinnen auf den Beitrag aufmerksam werden. Daher ist die Versuchung nicht nur in sozialen Netzwerken groß „boulevardeske Techniken" anzuwenden. Dabei wird die Überschrift („die Zeile") beispielsweise so erstellt, dass mit dem Lesen Neugierde durch Verwunderung erzeugt wird oder Assoziationen zu gerade aktuellen, stark gelesenen Themen hergestellt werden, die aber nicht tatsächlich in einem Zusammenhang mit dem Inhalt des Artikels oder der Pressemitteilung stehen. Die Grenzen zur Unsachlichkeit sind damit überschritten.

> **Beispiel zur problematischen Überschrift – Sachlichkeitsgebot und Staatsferne der Presse**
>
> Eine Polizeipressestelle teilt auf Twitter mit, dass im Rahmen einer polizeilichen Fahndungsaktion ein Friseursalon durchsucht wurde. Die Überschrift zur verlinkten Nachricht lautete „60 Polizisten beim Friseur". Publizistisch war diese Aufmachung ein Erfolg, mit zahlreichen Interaktionen der Leserinnen und Leser. Zu bedenken ist jedoch, dass hier nicht eine Boulevardzeitung zum Lesen „eingeladen" hat, sondern eine dem Sachlichkeitsgebot verpflichtete Behörde. Öffentlichkeitsarbeit soll „Durchsichtigkeit" des staatlichen Handelns herstellen. Hierzu gehört Klarheit und Eindeutigkeit der an die Bevölkerung gerichteten Informationen. Glaubwürdigkeit in staatliches Informationshandeln und damit in den Staat sollte nicht durch falsche Assoziationen und Erwartungen weckende Überschriften zugunsten der Reichweite der Informationen aufs Spiel gesetzt werden.

3.4 Äußerungsrecht der Mitarbeitenden der Öffentlichkeitsarbeit

Die in Abschn. 3.2 beschriebenen Gebote sind von der jeweiligen öffentlichen Stelle als Institution zu beachten. Verpflichteter der verfassungsrechtlichen Gebote ist nicht der einzelne Mitarbeitende der staatlichen Öffentlichkeitsarbeit als Person. Denn Bedienstete der öffentlichen Verwaltung sind Grundrechtsträger der Kommunikationsrechte des Art. 5 Grundgesetz. Sie sind jedoch zur strikten Neutralität über das öffentliche Dienstrecht verpflichtet.

3.4.1 Dienstliche Verhaltensregeln

Auch damit die verfassungsrechtlichen Gebote zur Neutralität von Hoheitsträgern nicht leerlaufen, weil sich Bedienstete auf Ihre Meinungsfreiheit berufen können, besteht für das Berufsbeamtentum eine Beschränkung der Grundrechtsausübung gemäß Art. 33 Abs. 5 Grundgesetz. Danach ist der öffentliche Dienst „unter Berücksichtigung der hergebrachten Grundsätze des Berufsbeamtentums zu regeln und fortzuentwickeln". Dieses ist durch die Beamtengesetze mit ihren Treueverpflichtungen und Mäßigungsgeboten geschehen.[42] Für nicht verbeamtete Mitarbeitende ergibt sich die Treue- und politische Neutralitätspflicht aus den Tarifverträgen.

Zudem sind Mitarbeitende der Öffentlichkeitsarbeit schon auf Grund ihrer speziellen Tätigkeit aus den Dienstverträgen zur Einhaltung der rechtlichen Erfordernisse zur Öffentlichkeitsarbeit verpflichtet. Es ist ja gerade ihre Aufgabe als Spezialisten der staatlichen Kommunikation, die Einhaltung der verwaltungs- und verfassungsrechtlichen Gebote und Rechtssätze zur Öffentlichkeitsarbeit der öffentlichen Verwaltung in der Kommunikation mit der Bürgerschaft zu verwirklichen.

---

[42] Die rechtliche Ausgestaltung des Beamtenrechts ist nicht einheitlich geregelt. Zu den Neutralitätspflichten finden sich jedoch in den Landesbeamtengesetzen wie auch in den Bundesgesetzen inhaltlich ähnliche Regelungen, sodass hier die zitierten Pflichten exemplarisch aufzufassen sind.

3.4.1.1 Mäßigung und Gemeinwohlverpflichtung

Beamte haben bei politischer Betätigung diejenige Mäßigung und Zurückhaltung zu wahren, die sich aus ihrer Stellung gegenüber der Allgemeinheit und aus der Rücksicht auf die Pflichten ihres Amtes ergeben.[43] Dem Beamten ist es im Rahmen seiner Neutralitätspflicht verwehrt, Bürger oder Mitarbeiter, deren Anschauung seiner politischen Meinung entspricht, anderen gegenüber zu bevorzugen. Dienstliche Aufgaben und private Interessen, politischer oder wirtschaftlicher Art, sind demnach strikt voneinander zu trennen. „Beamtinnen und Beamte haben das ihnen übertragene Amt uneigennützig nach bestem Gewissen wahrzunehmen. Ihr Verhalten innerhalb und außerhalb des Dienstes muss der Achtung und dem Vertrauen gerecht werden, die ihr Beruf erfordert."[44]

Für nicht verbeamtete Mitarbeitende der Öffentlichkeitsarbeit bestehen im Rahmen des Arbeitsvertrages und nach den Regelungen der Tarifverträge für den öffentlichen Dienst ein Neutralitätsgebot sowie die Gemeinwohlverpflichtung. „Der Beschäftigte des öffentlichen Dienstes ist dem Gemeinwohl verpflichtet. Er hat seine Aufgaben unparteiisch und gerecht zu erfüllen und er hat bei der Dienstführung auf das Wohl der Allgemeinheit Rücksicht zu nehmen. Er ist verpflichtet, sich im dienstlichen Bereich im Verkehr mit Staatsbürgern höflich und achtungsvoll zu verhalten und durch sein gesamtes Auftreten das Ansehen der Verwaltung zu wahren."[45] Aus dem Gebot zur Höflichkeit folgt auch, dass die in sozialen Netzwerken verbreitete Anrede in der Du-Form für die Kommunikation mit der Bürgerschaft nicht angebracht ist.

3.4.1.2 Kein Recht auf Gegenschlag

Innerhalb des Dienstes hat sich der Beamte grundsätzlich jedweder politischen Betätigung zu enthalten. Das bedeutet für verbeamtete Mitarbeitende der behördlichen Öffentlichkeitsarbeit, dass auch bei Angriffen

---

[43] § 60 Abs. 2 BBG bzw. § 33 BeamtStG.
[44] § 61 Abs. 1 Satz 3 BBG.
[45] § 3 Abs. 1 Tarifvertrag für den öffentlichen Dienst der Länder.

kein „Recht auf Gegenschlag" besteht. Vielmehr ist bei Angriffen, beispielsweise auf Twitter, der Standpunkt der Behörde (nicht der des Mitarbeiters) sachlich zu vertreten. Ebenso verhält es sich für Tarifbeschäftigte der Öffentlichkeitsarbeit.

3.4.1.3 Verschwiegenheitspflicht

Die Verschwiegenheitspflicht nach § 67 Bundesbeamtengesetz beziehungsweise nach § 37 Abs. 1 Beamtenstatusgesetz sowie für Arbeitnehmer und Arbeitnehmerinnen entsprechend der Tarifverträge zum öffentlichen Dienst ist strikt zu beachten. Schnell ist versehentlich bei Anfragen durch Bürger in sozialen Netzwerken ein Detail beantwortet, welches der Verschwiegenheit unterliegt. Öffentlichkeitsarbeit unterliegt dem „Erlaubnisvorbehalt" durch den Dienstherrn. Das bedeutet, dass es grundsätzlich nicht im Ermessen des einzelnen Mitarbeitenden steht, welche Informationen er im Rahmen der Öffentlichkeitsarbeit veröffentlicht.

3.4.1.4 Verletzung des Dienstgeheimnisses

Die Weitergabe von Geheimnissen erfüllt den Straftatbestand des § 353b StGB. § 353b Abs. 1 StGB setzt ein Geheimnis voraus. Geheimnisse im Sinne dieser Vorschrift sind Tatsachen, die nur einem begrenzten Personenkreis bekannt und zudem geheimhaltungsbedürftig sind. Dienstgeheimnisse sind dabei solche Tatsachen, die dem Täter gerade auf Grund seiner Zugehörigkeit zur Behörde oder Einrichtung und/oder in Ausübung seines Amtes zugänglich geworden sind. Die Geheimhaltungsbedürftigkeit ergibt sich teils schon aus der Natur der Sache, etwa bei strafprozessualen Zwangsmaßnahmen, die auf Heimlichkeit ausgelegt sind. Regelmäßig ergibt es sich aber aus einer Rechtsvorschrift oder aus (inner)behördlicher Anordnung.[46] Die Strafbarkeit kommt dann in Betracht, wenn die Offenlegung des Geheimnisses öffentliche Belange von Gewicht gefährdet. Auch dann,

---

[46] Zum Begriff des Dienstgeheimnisses im Strafrecht, Wissenschaftliche Dienste Deutscher Bundestag, https://www.bundestag.de/resource/blob/647814/941818185eb2a62ae1147588c5209ff7/WD-7-077-19-pdf.pdf, letzter Abruf am 24.09.2024.

wenn das Bekanntwerden des Geheimnisses das Vertrauen in die Integrität der Behörde erschüttern kann, kann im Einzelfall der Tatbestand erfüllt sein. Abzustellen ist auch auf die Funktion, die persönliche Stellung und die Motivation des Amtsträgers für den Geheimnisbruch.[47]

3.4.2 Pflichten außerhalb des Dienstes

Außerdienstlich dürfen sich Bedienstete des öffentlichen Dienstes selbstverständlich politisch positionieren. Als Privatpersonen können sie sich auf die Meinungsfreiheit (Art. 5 Abs. 1 Satz 1 GG) berufen. Die Grenzen der Meinungsäußerungsfreiheit als Privatperson unterliegen jedoch dem Minimalkonsens zum Bekenntnis zur freiheitlich demokratischen Grundordnung. Die Verfassungstreuepflicht fordert, dass sich der Beamte eindeutig von Gruppen und Bestrebungen distanziert, die die Bundesrepublik Deutschland, ihre verfassungsmäßigen Organe und die geltende Verfassungsordnung angreifen, bekämpfen oder diffamieren. Für Tarifbeschäftigte ergibt sich die Treuepflicht aus den Tarifverträgen zum öffentlichen Dienst.[48]

Äußert sich ein Bediensteter des öffentlichen Dienstes zu allgemeinpolitischen Fragen in der Öffentlichkeit, muss dies so zurückhaltend erfolgen, dass das öffentliche Vertrauen in seine unparteiische, gerechte und gemeinwohlorientierte Amtsführung keinen Schaden nimmt. Seine Äußerungen dürfen insbesondere keine Formen annehmen, die den Eindruck entstehen lassen könnten, er werde bei seiner Amtsführung nicht neutral gegenüber jedermann sein.[49] An der Konfliktlage zwischen Meinungsfreiheit einerseits und der besonderen Verpflichtung als Bediensteter ändert sich auch dann nichts, wenn Mitarbeitende ihren Account mit „hier privat" kennzeichnen.[50]

---

[47] Ausführlich BGH Urteil v.15.02.2024, Az. 5 StR 283/23, „Weitergabe von Geheimnissen an die Presse".
[48] Mäßigungsgebot für Bedienstete im öffentlichen Dienst, Deutscher Bundestag – Wissenschaftliche Dienste, Az. WD 6-3000 -045/19, https://www.bundestag.de/resource/blob/650184/57e48f43ca79df7039003aff9850f8c9/WD-6-045-19-pdf-data.pdf. Letzter Abruf am 05.September 2024.
[49] BVerfG, Beschluss v. 20. September 2007, Az. 2 BvR 1047/06.
[50] Vgl. Zimmermann: „Das wird man wohl sagen dürfen – Grenzen politischer Äußerungen von Professoren", Junge Wissenschaft im Öffentlichen Recht, https://www.juwiss.de/36-2016/. Abruf am 06. März 2020.

Kommunizieren Mitarbeitende der Öffentlichkeitsarbeit nach außen, können sie als das Sprachrohr der jeweiligen Einrichtung angesehen werden. Sie repräsentieren ihre Dienststelle, auch wenn sie über ihre privaten Accounts kommunizieren. Denn häufig sind Pressesprecher, auf Grund der Social-Media-Arbeit bekannt, wenn nicht sogar prominent und werden in der Öffentlichkeit mit den Einrichtungen, für die sie tätig sind, verbunden. Daraus kann sich ein höherer Maßstab zur privaten Zurückhaltung ergeben, als dieser beispielsweise für die nicht öffentlich kommunizierenden Mitarbeitenden der öffentlichen Verwaltung besteht.

> **Beispiel zur Treuepflicht und zum Mäßigungsgebot bei privaten öffentlichen Äußerungen**
>
> Ein verbeamteter Hochschulprofessor schreibt zur Kommentierung einer nationalistischen Massendemonstration in Polen, dass ein „weißes Europa brüderlicher Nationen" ein erstrebenswertes Ziel ist.
> Nicht nordeuropäisch aussehende Studierende müssen befürchten, dass sie auf Grund ihrer Hautfarbe in Prüfungen benachteiligt werden. Die private Äußerung legt nahe, dass die Studierenden unter Verstoß gegen das Diskriminierungsverbot des Art. 3 Abs. 3 GG geprüft werden und damit durch eine staatliche Handlung in ihren Rechten verletzt werden.

3.5 Äußerungsrecht gewählter Amtsträger

Die Äußerungsbefugnisse gewählter Amtsträger beurteilen sich nach ihrer Sprecherrolle. So ist zu unterscheiden, ob sich eine Bürgermeisterin als Mitglied einer Wählervereinigung politisch äußert oder ob sie in amtlicher Eigenschaft Mitteilungen an die Bevölkerung richtet.

3.5.1 Äußerungen mit Amtsbezug

Mitteilungen in amtlicher Eigenschaft gewählter Amtsträger unterliegen den in Kap. 3 dargestellten Grundsätzen. Insbesondere gelten die Neutralitätsgebote und das Sachlichkeitsgebot nicht nur vor Wahlen, sondern während der gesamten Dauer der hoheitlichen Tätigkeit.[51]

---

[51] BVerfG, Urteil v. 27. Februar 2018, Az. 2 BvE 1/16 („Wanka Urteil").

Ob die Äußerung in amtlicher Eigenschaft oder als Privatperson erfolgt, beurteilt sich im Zweifel nach der Form und den äußeren Umständen der Äußerung. So ist beispielsweise eine Mitteilung auf der Website einer Gemeinde der Sphäre der Verwaltung zuzurechnen.[52] Die Inhalte müssen im Kompetenzbereich der Gemeinde liegen und neutral und sachlich abgefasst sein. Ebenso verhält es sich mit Pressemitteilungen, deren Erscheinungsbild dem jeweiligen Hoheitsträger zuzuordnen sind. Ein Verzicht auf die Amtsbezeichnung des Mitteilenden reicht dann nicht aus, damit ein Handeln in nichtamtlicher Funktion dokumentiert ist.[53]

3.5.2 Äußerungen ohne Amtsbezug

Gewählte Amtsträger dürfen sich außerhalb ihrer amtlichen Funktion am politischen Meinungskampf beteiligen. Grenzen findet die Freiheit zur politischen Betätigung dann, wenn auf die durch das Amt eröffneten Mittel und Möglichkeiten zurückgegriffen wird, über welche politische Mitbewerber nicht verfügen. So dürfen beispielsweise die Autorität des Amtes und die daraus bestehende Glaubwürdigkeit nicht ausgenutzt werden. Andernfalls verstoßen parteiergreifende Äußerungen gegen den Grundsatz der Chancengleichheit der Parteien und verletzen damit die Integrität des freien oder offenen Prozesses der Willensbildung von „unten nach oben".[54]

---

[52] Vgl. BVerwG, Urteil v. 13. September 2017, Az. 10 C 6/16 („Lichter aus!").
[53] BVerfG, Urteil v. 27. Februar 2018, Az. 2 BvE 1/16 („Wanka Urteil").
[54] BVerfG, Urteil v. 27. Februar 2018, Az. 2 BvE 1/16 („Wanka Urteil").

Ihr Transfer in die Praxis

- Verfassungsrechtliche Gebote können mittels journalistischer Arbeitstechniken umgesetzt werden. Zur Einhaltung des Sachlichkeitsgebotes empfiehlt es sich, auf die journalistische Arbeitstechnik zum Schreiben von Meldungen zurückzugreifen und sich auf die Beantwortung der „W-Fragen" zu beschränken (siehe Abschn. 3.1). Verzichten Sie auf boulevardeske Überschriften. Diese wecken falsche Erwartungen bei den Lesern und führen zu Missverständnissen.
- Die Befehlsform ist problematisch, da sie die Wirkung von Eingriffen erzielen kann (siehe Abschn. 3.1.2.2) Eine Berechtigung haben Imperative, wenn die „befehlende" Mitteilung auf der Grundlage eines Gesetzes zur Gefahrenabwehr verbreitet wird.
- Die Schnelllebigkeit sozialer Netzwerke produziert Reaktionsdruck. Hilfreich sind daher „Social-Media-Guidelines", die als „Handreichung", Dienstanweisung oder als Verwaltungsvorschrift Mitarbeitenden der staatlichen Presse- und Öffentlichkeitsarbeit einen Wegweiser zur externen Kommunikation mit Bürgerinnen und Bürgern bieten.
- Mit der Öffentlichkeitsarbeit betraute Mitarbeitende können selbstverständlich private Accounts betreiben; jedoch empfiehlt es sich, nicht den Eindruck zu erwecken, man spreche auch für und im Namen des jeweiligen Dienstherrn, beziehungsweise für die jeweilige öffentliche Einrichtung.
  Auch für die private Nutzung sozialer Netzwerke durch Angehörige des öffentlichen Dienstes eignen sich Guidelines in der Form von Hinweisen, die dabei helfen, Interessenkonflikte zwischen dienstlichen und privaten Belangen zu vermeiden.
- Ein sehr frühes, aber immer noch aktuelles Beispiel für behördliche Social-Media-Guidelines hat der Deutsche Städte- und Gemeindebund bereits 2012 als eine Muster-Verwaltungsvorschrift zur Verfügung gestellt. Das Muster ist im Archiv auf der Website des DStGB https://www.dstgb.de/dstgb/Homepage/ zu finden.

4

Social-Media-Accounts der öffentlichen Verwaltung

> **Was Sie aus diesem Kapitel mitnehmen**
>
> Dieses Kapitel verschafft Ihnen einen Überblick zur rechtlichen Einordnung behördlicher Social-Media-Accounts und der daraus folgenden Konsequenzen für die Praxis. Weiter geht es um Ihre Möglichkeiten zur Moderation interaktiver Accounts und Ihre Rechte zur Löschung beleidigender Inhalte, der Zugangssperre von Störern sowie um Ihre Möglichkeiten zur Verteidigung gegen falsche Tatsachenbehauptungen. Weiter erfahren Sie, welche Gesetze für Ihre Social-Media-Arbeit relevant sind und was bei dem Einsatz mittels Künstlicher Intelligenz erstellten Inhalten zu berücksichtigen ist.

Nicht selten werden die rechtlichen Einschätzungen zur Social-Media-Kommunikation der privaten Unternehmen und Einrichtungen in die staatliche Öffentlichkeitsarbeit übernommen. In Fortbildungen und Beratungen der behördlichen Mitarbeitenden zur Social-Media-Arbeit wird gelegentlich empfohlen, sich als Gleicher unter Gleichen zu präsentieren und so möglichst hohe Reichweiten mit Mitteln moderner Social-Media-Strategien zu erzeugen.[1]

---

[1] Laut eines Berichts in „Der Tagesspiegel" vom 17.12.2019 hat eine beratende Agentur dem Bundespresseamt empfohlen, dass auf Grund der Bedeutung sozialer Netzwerke in der politischen

© Der/die Autor(en), exklusiv lizenziert an Springer Fachmedien Wiesbaden GmbH, ein Teil von Springer Nature 2025
C. W. Eggers, *Praxis-Guide Social-Media-Recht der öffentlichen Verwaltung*, Quick Guide, https://doi.org/10.1007/978-3-658-46651-0_4

Außer Acht gelassen wird bei der Übernahme der Strategien der Privaten in die staatliche Kommunikation, dass staatliches Informationshandeln zwar meist in einem gesetzesfreien Raum aber nicht wie bei den Privaten nach Belieben erfolgen kann. Die unmittelbare Grundrechtsverpflichtung der öffentlichen Verwaltung bestimmt nicht nur die Themensetzung und die Gestaltung der Inhalte (siehe Abschn. 4.1.2), sondern auch die Kommunikation und den Umgang mit den Besuchern und Nutzern des behördlichen Accounts (siehe Abschn. 4.2).

4.1 Der Social-Media-Account als „öffentliche Einrichtung"

Bedient sich die öffentliche Verwaltung bei der Verbreitung ihrer Informationen privater Netzwerkbetreiber wie Twitter (inzwischen umbenannt in X) und Facebook, bleiben die Informationshandlungen dennoch staatlich. Es gelten die verfassungs- und verwaltungsrechtlichen Grundsätze, die für Handlungen der öffentlichen Verwaltung verbindlich sind (siehe Kap. 2 und 3). Unerheblich ist, dass die technische Einrichtung als Netzwerkplattform über einen privaten Dienstleister zur Verfügung gestellt wird. Ebenso ist unerheblich für die Einordnung als öffentliche Einrichtung, dass der private Dienstleister eigene Regelungen zur Nutzung aufgestellt hat. So sind beispielsweise Streitigkeiten über den Zugang zu einer öffentlichen Einrichtung selbst dann öffentlich-rechtlicher Natur, wenn die konkrete Ausgestaltung des Zuganges und der Nutzung privatrechtlich geregelt ist.[2] Insbesondere entledigt sich die öffentliche Verwaltung nicht ihrer Grundrechtsverpflichtung, wenn sie Mitglied in einem privaten Netzwerk ist.

Willensbildung es unerlässlich sei Auftritte der Regierung und Inhalte so zu produzieren, dass die Nutzer und die Algorithmen Inhalte favorisieren. „Weiter rät die Agentur in Netzdiskussionen Themen selbst zu setzen und Debatten zu beeinflussen." https://www.tagesspiegel.de/politik/unzulaessige-beeinflussung-social-media-angebot-der-bundesregierung-kommt-vor-gericht/25430486.html, letzter Aufruf am 18.09.2024.

[2] VG Mainz, Urteil v. 13. April 2018, Az. 4 K762/17.MZ.; VG München, Urteil v. 27.10.2017, Az. M 26 K 16.5928 („Rundfunk-Forum").

4.1.1 Rechtsnatur interaktiver behördlicher Accounts

Interaktive Foren auf Websites der Verwaltung sowie auch die Accounts in sozialen Netzwerken werden durch Widmung zur „öffentlichen Einrichtung". Voraussetzung ist, dass der Account von einem Hoheitsträger eingerichtet wird (siehe zur Einordnung Kap. 2). Mit der tatsächlichen Bereitstellung und der Aktivierung von Kommentarfunktionen erfolgt ein Hoheitsakt (Widmung), mit dem die Zweckbestimmung zum Gemeingebrauch begründet wird. Gleichzeitig unterliegen Unterhaltung und Nutzung den Regelungen und Grundsätzen des öffentlichen Rechts. Die Zugangs- und Nutzungsregelungen unterliegen den verfassungs- und verwaltungsrechtlichen Grundsätzen, die für Handlungen der öffentlichen Verwaltung verbindlich sind (siehe Kap. 2 und 3).

> **Merksatz zur Themenwahl bei der staatlichen Öffentlichkeitsarbeit**
> Bedient sich die öffentliche Verwaltung bei der Verbreitung ihrer Informationen privater Netzwerkbetreiber wie Twitter und Facebook, unterliegen Mitteilungen und Moderationen dennoch verwaltungs- und verfassungsrechtlichen Grundsätzen.

4.1.2 Berechtigung zur Unterhaltung des Accounts

Nicht abschließend geklärt ist, ob und wie präsent die öffentliche Verwaltung in sozialen Netzwerken aktiv sein darf. Mangels gesetzlicher Regelungen ist die Frage nach den verwaltungs- und verfassungsrechtlichen Regelungen und Rechtsgrundsätzen zu beantworten.

4.1.2.1 Handlungskompetenz zur Unterhaltung eines Accounts

Öffentlichkeitsarbeit ist eine (gesetzlich meist nicht geschriebene) Teilaufgabe der jeweiligen Behörde und damit legitimiert. Aus der Kompetenz zur Öffentlichkeitsarbeit ist auch die Wahl des Mediums legitimiert, soweit es der Unterstützung der Aufgabe Öffentlichkeitsarbeit dient. Grundsätzlich ist der Staat bei der Darstellung seiner Aktivitäten frei in der Wahl des Mediums.[3] Die Besonderheit bei der Nutzung interaktiver Medien zur Öffentlichkeitsarbeit liegt darin, dass mit der Bereitstellung eine virtuelle „öffentliche Einrichtung" geschaffen wird. Die Themensetzungen der Social-Media-Redaktionen ergeben sich durch die Sachkompetenz. Themen müssen somit in einem Zusammenhang mit der jeweiligen Aufgabe der öffentlichen Einrichtung stehen (siehe Abschn. 3.1.1.2).

4.1.2.2 Gebot zur Staatsferne des Meinungs- und Willensbildungsprozesses

Im Gegensatz zur Information, die bewusst aufgesucht wird, wie etwa mit dem Besuch einer Website, wird die Bürgerschaft mit staatlichen Informationen in sozialen Netzwerken konfrontiert. Postings erhalten durch die individuellen Interaktionen der Netzwerkmitglieder ein Eigenleben. Sie „vermehren" sich mit unterschiedlichsten Kommentierungen und werden mit jeder Interaktion eines Nutzers in den Timelines verbundener Nutzer gezeigt, ohne dass diese hierauf Einfluss haben. Werden Bürgerinnen und Bürger ohne ihr besonderes Zutun informiert, handelt es sich um aufgedrängte Informationen.[4] Dieser Umstand ist auch unter dem Gebot der Staatsferne im Meinungs- und Willensbildungsprozess zu betrachten (Abschn. 3.2.2). Die Nutzung sozialer Netzwerke verbunden mit der Amtsautorität birgt die Gefahr von Allgegenwärtigkeit staatlicher Kommunikation in einem grundsätzlich staatsfrei zu gestaltenden Raum der Bürgerkommunikation.[5]

Hieraus ergibt sich ein Gebot zur Zurückhaltung sowohl in der Quantität der institutionellen Selbstdarstellung wie auch bei der aktiven Initiierung von Interaktion durch an die Leser gerichtete Aufforderungen zur Reaktion auf staatliche Mitteilungen.

---

[3] Drefs: Öffentlichkeitsarbeit, S. 131.
[4] Vgl. Dişçi: Grundsatz politischer Neutralität, S. 220.
[5] Staatliches Informationshandeln geschieht durch Rechtsakte. So gesehen gibt es auch keine sogenannte Bagatellkommunikation, wenn sich die Verwaltung zu Wort meldet.

4.1.2.3 Schutzpflichten des Staates und das Gebot zur Öffentlichkeitsarbeit

Die öffentliche Verwaltung ist in einem bestimmten Umfang zur Erfüllung der Aufgabe Öffentlichkeitsarbeit verpflichtet (siehe Abschn. 3.2.1). Gleichzeitig kann die Verwaltung die Besucher ihrer Accounts nicht vor dem „Datenhunger" der privaten Netzwerkbetreiber als Dienstleister des Staates schutzen.
Die Argumentation der Social-Media-Beratungen, die Verwaltung müsse „dahin gehen, wo die Bürger und Bürgerinnen sind" und sich damit in sozialen Netzwerken betätigen, wird auf das Gebot zur Öffentlichkeitsarbeit (siehe Abschn. 3.2.1) gestützt: Wenn sich die Bürgerschaft vermehrt in sozialen Netzwerken informiert, kann der Staat unter Umständen seine Pflicht zur Öffentlichkeitsarbeit nicht ausreichend erfüllen, wenn er Medien nutzt, die nicht wahrgenommen werden.[6] Daher läge es nahe, eine Abwägung der gegenüber der Bürgerschaft bestehenden Schutzpflichten zum Recht auf informationelle Selbstbestimmung und andererseits zum Gebot der Öffentlichkeitsarbeit vorzunehmen. Diese Argumentation berücksichtigt nicht, dass mit der DSGVO und den nationalen Datenschutzgesetzen Regelungen bestehen, welche für den Datenschutz bei der staatlichen Präsenz in sozialen Netzwerken anzuwenden sind. Nach dem Grundsatz des Vorrangs des Gesetzes (siehe Abschn. 3.1.2.1) darf die öffentliche Verwaltung bei der Ausübung der Öffentlichkeitsarbeit nicht gegen bestehende Gesetze verstoßen. Es kommt daher darauf an, ob Social-Media-Accounts in den kommerziellen Netzwerken datenschutzkonform betrieben werden können.

4.1.2.4 Grundsatz Vorrang des Gesetzes – Datenschutzgesetze

Mit Geltung der Datenschutzgrundverordnung (DSGVO) ab Mai 2018 sind die umfangreichen Datenverarbeitungen durch Netzwerkbetreiber, insbesondere die von Facebook, Instagram und Twitter in die öffentliche

---
[6] Ebenso verhalte es sich mit Mitteilungen zur Gefahrenabwehr, die angesichts der Informationsgewohnheiten der Bürgerschaft ihre Adressaten nicht erreichen, wenn Behörden auf die aktive Nutzung sozialer Netzwerke verzichten.

Diskussion zum Datenschutz gelangt. Es geht dabei um Daten der Besucher, die durch den Netzwerkbetreiber verarbeitet werden. Deutlich ist, wie wenig die Account-Inhaber selbst Einfluss auf die Verarbeitungen von Besucherdaten durch die Netzwerkbetreiber nehmen können; auch dann nicht, wenn der Account-Inhaber sich bemüht den Besuch seines Accounts mittels der bereitgestellten Einstellungen rechtskonform zu gestalten.[7]

Rechtslage behördlicher Social-Media-Accounts – Datenschutz
Der Account-Inhaber ist nach der Rechtsprechung des Europäischen Gerichtshofs (EuGH) gemeinsam mit dem Netzwerkbetreiber datenschutzrechtlich verantwortlich.[8] Daraus folgt, dass zwischen Account-Inhaber und dem Netzwerkbetreiber gemäß Art. 26 Datenschutzgrundverordnung (DSGVO) eine „Vereinbarung über die gemeinsame Verantwortlichkeit" geschlossen werden muss und Informationspflichten gegenüber dem Besucher zum Zweck und Umfang der Datenverarbeitungen bestehen. Jedoch stellen die Netzwerke die Informationen entweder gar nicht (Twitter) oder nicht ausreichend (Facebook) zur Verfügung.

Neben den zu erfüllenden Formalien ist unklar, ob der Umfang der Datenverarbeitungen wie das „Tracking" von Besucherdaten durch den Netzwerkbetreiber rechtmäßig ist. Ohne hinreichende Kenntnis über die Verarbeitungstätigkeiten sind Verantwortliche auch nicht in der Lage zu bewerten, ob die Verarbeitungstätigkeiten rechtskonform durchgeführt werden. Nach Ansicht der Aufsichtsbehörden können weder Accounts privater Organisationen noch behördlicher Einrichtungen entsprechend der DSGVO rechtskonform betrieben werden.[9] Zudem hat das Bundesverwaltungsgericht entschieden, dass bei einem Verstoß nicht vorrangig gegen den Netzwerkbetreiber vorgegangen werden muss, sondern ebenso der Account-Inhaber in die Pflicht genommen werden kann.[10]

Nach Auffassung des Bundesverwaltungsgerichts sei es grundsätzlich zulässig, eine Facebook-Fanpage zu untersagen, wenn die „von Facebook zur Verfügung gestellte digitale Infrastruktur schwerwiegende daten-

---

[7] Mit der Ankündigung des Rückzugs des baden-württembergische Landesdatenschutzbeauftragten Ende Dezember 2019 aus dem Netzwerk Twitter ist die Frage nach der Rechtmäßigkeit einer behördlichen Social-Media-Präsenz dringlicher geworden. Laut Pressemeldungen konnte der Landesdatenschutzbeauftragte das Twittern nicht mehr mit seiner Tätigkeit als Datenschützer vereinbaren, da der Dienst Nutzerdaten sammle und zu Nutzerprofilen für Werbezwecke verarbeite.
[8] EuGH, Urteil v. 05. Juni 2018, Az. C-210/16 („Wirtschaftsakademie"); EuGH, Urteil v. 29. Juli 2019, Az. C-40/17 („Fashion ID").
[9] https://www.datenschutzkonferenz-online.de/media/dskb/20190405_positionierung_facebook_fanpages.pdf, letzter Aufruf am 02.09.2024.
[10] BVerwG, Urteil v. 11. September 2019, Az. 6 C 15.18.

schutzrechtliche Mängel aufweist".[11] Das Oberverwaltungsgericht Schleswig hat sich mit Urteil vom 25.11.2021 mit der Anordnung der schleswig-holsteinischen Datenschutzaufsichtsbehörde ULD zur Deaktivierung einer Facebook-Fanpage befasst.[12] Danach war die Anordnung im Jahre 2011 rechtmäßig. Das Gericht hat sich nicht mit den aktuellen Verarbeitungssituationen bei Facebook befasst. Inwieweit Erkenntnisse aus dem über 10 Jahre dauernden gerichtlichen Verfahren auf die heutige Rechtslage und Verarbeitungssituationen bei Facebook übertragbar sind, hat das Gericht offen gelassen.

Ihr Transfer in die Praxis

- Bei der Verbreitung von Mitteilungen in sozialen Netzwerken ist zu bedenken, dass Kommentierungen und auch das Teilen fremder Beiträge ausnahmslos staatliches Handeln darstellen. Eine Einmischung durch Kommentare und Bewertungen verbietet sich dort, wo die öffentliche Einrichtung nicht direkt angesprochen wird. Eine zurückhaltende Art der staatlichen Information in sozialen Netzwerken ist die, dass auf aktuell bereitgestellte Informationen auf der Website unter Linksetzung hingewiesen wird.
- Auf Grund der ungeklärten Rechtslage hinsichtlich der datenschutzrechtlichen Verantwortung muss die künftige Rechtsprechung im Auge behalten werden. Behördliche Kommunikation sollte nicht auf einer „Social-Media-Only-Strategie" erfolgen. Die parallelen und vertiefenden Informationen auf der Website der öffentlichen Verwaltung sind daher nicht zu vernachlässigen. Denn hier bestimmen Sie allein über den (rechtmäßigen) Umgang mit Besucherdaten. Zusätzlich könnten Alternativen zu den „großen" sozialen Netzwerken mit derzeit datenschutzkonformen Verarbeitungen in Betracht gezogen werden.
- Netzwerke wie etwa „Mastodon" mit der gegenüber den kommerziellen Plattformen noch geringen Mitgliederzahl sind derzeit kein Ersatz. Dennoch bieten sich für die lokale kommunale Öffentlichkeitsarbeit hier Chancen. Die Idee „Digitale Dörfer" mit der für die Verwaltung geschaffenen Plattform „Sag's uns"-Kanal im „DorfFunk" ist hierfür ein vielversprechendes Beispiel. So könnten Gemeinden diesen Kommunikationsweg auch aktiv über die bestehenden Netzwerke anbieten und ausbauen.

---

[11] BVerwG, Urteil v. 11. September 2019, Az. 6 C 15.18.
[12] OVG Schleswig, Urteil v. 25. November 2021, Az. 4 LB 20/13.

4.2 Die Moderation des Accounts

Das Recht zur Moderation behördeneigener Accounts und Foren besteht auf Grund eines „virtuellen Hausrechts" zur Sicherung des Zwecks der Einrichtung. Nutzungszweck der Accounts und Foren ist die angebotsbezogene Kommunikation und Interaktion der öffentlichen Verwaltung mit der Bürgerschaft sowie das Diskutieren der Nutzer untereinander. Daraus folgt, dass die Verwaltung als Inhaber des Hausrechts auch grundsätzlich berechtigt ist, gegen Störungen durch Nutzer vorzugehen (siehe sogleich Abschn. 4.2.1 und 4.2.2).[13]

Des Weiteren ist die öffentliche Verwaltung auch nicht gezwungen, sachlich falsche Darstellungen (unwahre Tatsachenbehauptungen und Beleidigungen) von Nutzern über ihre Einrichtung oder über das Handeln ihrer Einrichtung ohne Widerworte dulden zu müssen (siehe Abschn. 4.2.3).

4.2.1 Themenbezug der Nutzerkommentare

Nicht hingenommen werden muss die Zweckentfremdung der Kommentarfunktionen für Nutzerziele, die außerhalb des Widmungszwecks des Forums oder des Accounts liegen. Nicht mehr im Rahmen des Zwecks sind beispielsweise für Dienstleistungen und Produkte werbende Nutzerkommentare.

Je nach Aufgabe der Einrichtung erfolgt auch die thematische Bindung. Kommentare, die keinen Sachbezug zur Aufgabe des behördlichen Account-Inhabers aufweisen, überschreiten den Zweck der öffentlichen Einrichtung. Daraus folgt, dass der Account-Inhaber sein Hausrecht zur Zweckerhaltung der Einrichtung ausüben darf und Beiträge ohne thematischen Bezug zur Aufgabe untersagen und entfernen kann (siehe auch Beispiel im Abschn. 4.2.3). Dieses gelte insbesondere dann, wenn der Account-Inhaber in seiner selbst aufgestellten Netiquette darauf hingewiesen hat.[14]

---

[13] Das Hausrecht wird in der Rechtsprechung unterschiedlich begründet: entweder „als Annex zur Sachkompetenz zur Erfüllung der Aufgabe" oder aus Gewohnheitsrecht oder aus der (doppelt) analogen Anwendung der §§ 858 ff., 903, 1004 Abs. 1 BGB.
[14] VG Leipzig, Urteil v. 11. September 2019, Az. 1 K 1642/18.

4.2.2 Zugang, Kommentierungen und Sperrungen

Grundsätzlich hat jeder einen Anspruch auf Zugang und auf Nutzung der Kommentarfunktionen. Eine Sperrung kann nicht damit begründet werden, der Nutzer könne über Fanpages und Foren anderer Betreiber kommunizieren. Der verfassungsrechtliche Gleichbehandlungsgrundsatz des Art. 3 Abs. 1 Grundgesetz verpflichtet die Verwaltung einen gleichberechtigten Zugang zu gewähren.[15]

Ein Anspruch auf Zulassung zur Nutzung von beispielsweise kommunalen Internet-Foren der Gemeinden besteht jedoch nur im Rahmen der Zweckbestimmung der öffentlichen Einrichtung nach Maßgabe der jeweiligen Benutzungsordnung, in der die Gemeinde aufgrund ihrer Organisationsbefugnis Regelungen über die Voraussetzungen, Bedingungen sowie Art und Umfang der Benutzung treffen kann, sowie in den Grenzen der vorhandenen Kapazitäten.[16]

Sperrungen sind dann möglich, wenn sie der Sicherung des Nutzungszwecks „Kommunikation mit der öffentlichen Verwaltung sowie Diskussion der Nutzer untereinander" dienen. Insbesondere können Sperrungen ein legitimes Mittel sein, weil Teilnehmer damit nicht mehr die Möglichkeit haben durch beleidigende Beiträge in die Persönlichkeitsrechte anderer Diskussionsteilnehmer einzugreifen und damit die Diskussion zu stören.[17]

Rechtmäßig ist ein virtuelles Hausverbot dann, wenn sich der Hoheitsträger bei seiner Entscheidung von sachgerechten Erwägungen leiten lässt und der Hoheitsträger sowohl im Hinblick auf das „Ob" als auch das „Wie", also der Ausgestaltung des Verbots, den Grundsatz der Verhältnismäßigkeit beachtet.[18] Voraussetzung für die Verhältnismäßigkeit einer Sperrung ist, dass die Person mehrfach gestört hat und sie weitere Störun-

---

[15] VG München, Urteil v. 27. Oktober 2017, Az. M 26 K 16.5928; VG Mainz, Urteil v. 13. April 2018, Az. 4 K 762/17.MZ.
[16] OVG NRW, Beschluss v. 19. Mai 2015, Az. 15 A 86/14.
[17] VG Mainz, Urteil v. 13. April 2018, Az. 4 K 762/17.MZ.
[18] Kalscheuer: Kommt jetzt die virtuelle Versammlungsfreiheit? https://community.beck.de/2020/04/28/kommt-jetzt-die-virtuelle-versammlungsfreiheit.

gen auch nach Verwarnungen nicht unterlässt. Materiell muss die Störung durch abwertende und verletzende Beiträge so gravierend sein, dass sie entweder nicht mehr durch die Meinungsfreiheit (Art. 5 Abs. 1 Satz 1 Alt. 1 GG) geschützt werden (Abschn. 4.2.4) oder aber die Ehre eines Betroffenen die Meinungsfreiheit des Angreifers überwiegt (siehe sogleich Abschn. 4.2.5).

4.2.3 Der Meinungsfreiheit unterliegende Kommentare

Jeder soll sagen können, was er denkt, auch wenn er keine nachprüfbaren Gründe für sein Urteil angibt oder angeben kann. Art. 5 Abs. 1 Satz 1 Grundgesetz schützt nicht nur die Meinungsfreiheit im Interesse der Persönlichkeitsentfaltung des Einzelnen. Auch im Interesse des demokratischen Prozesses hat die Meinungsfreiheit konstitutive Bedeutung.[19] Diesen Prozess soll staatliche Öffentlichkeitsarbeit gerade ermöglichen und nicht unterbinden (siehe Abschn. 3.2.1 verfassungsrechtliches Gebot zur Öffentlichkeitsarbeit).

Unzweifelhaft von der Freiheit zur Meinungsäußerung gedeckt sind Polemiken, die sich nicht auf konkrete Personen beziehen (siehe nachfolgendes Beispiel). Werturteile sind durchweg geschützt, ohne dass es darauf ankommt, ob die Äußerung „wertvoll" oder „wertlos", „richtig" oder „falsch", emotional oder rational ist. Soweit Stellungnahmen pointiert, polemisch, überspitzt oder verletzend erfolgen, sind diese genauso wie rein sachlich-differenzierte Äußerungen durch das Grundrecht auf Meinungsfreiheit geschützt.

---

[19] Vgl. BverfG, Beschluss v. 25. August 1994, Az. 2 BvR 1423/92 („Soldaten sind Mörder").

> **Beispiel zur „erlaubten" Polemik mit Themenbezug zur Aufgabe des Accounts**
>
> Im Rahmen der Diskussion um geringe Rentenansprüche bei Niedriglöhnen zu einem Sendebeitrag des Mitteldeutschen Rundfunks (MDR) äußerte sich auf dem Facebook-Profil des MDR ein Teilnehmer so:
> „Niedrige Renten aber die Diäten für die Politik Darsteller werden automatisch erhöht!! Da sieht man genau wo das Land steht."
> Diesen Beitrag durfte der MDR nach dem Urteil des Verwaltungsgerichts Leipzig nicht löschen.[20] Es handle sich um einen themenbezogenen Beitrag, da er einen Bezug zur Sendung eines MDR-Beitrages enthalte. Damit bewege sich der Kommentar im thematischen Aufgabenbereich der öffentlichen Einrichtung „Facebook-Account" des MDR. Dieser diene gerade dazu die Diskussion über das Sendeangebot zu ermöglichen. Bei der Äußerung handle es sich um eine zulässige, allgemeine Polemik, mit der kein konkreter Politiker oder ein näher bestimmter Kreis von Politikern beleidigt werden könne und schon von daher eine Beleidigung ausscheide. Derartige Kritiken sind vom Recht auf Meinungsäußerung gedeckt.

4.2.4 Abwägung zwischen Meinungsfreiheit und Ehre

Gemäß Art. 5 Abs. 2 Grundgesetz findet die Meinungsfreiheit ihre Grenzen in den Vorschriften der allgemeinen Gesetze, den gesetzlichen Bestimmungen zum Schutze der Jugend und dem Recht der persönlichen Ehre. Zu den die Meinungsfreiheit beschränkenden Vorschriften gehört auch die Beleidigung gemäß § 185 Strafgesetzbuch.

Grundrechtsbeschränkende Vorschriften sind jedoch nicht generell und abstrakt anzuwenden. Vielmehr ist in jedem Einzelfall eine Abwägung zwischen den sich gegenüberstehenden Rechtsgütern Meinungsfreiheit und persönlicher Ehre notwendig. Eine Einzelfallabwägung zwischen der Meinungsfreiheit als berechtigtes Interesse einerseits und dem allgemeinen Persönlichkeitsrecht der angegriffenen Person anderseits kann nur unter Berücksichtigung des Zusammenhanges vorgenommen werden, in dem die Äußerung fällt.

Eine solche Abwägung ist auch gesetzlich vorgesehen, wenn die Schwelle der Polemik überschritten wird und mit der Äußerung die Tathandlung einer Beleidigung (§§ 185, 186 und 187 Strafgesetzbuch (StGB) vorliegt).

---

[20] VG Leipzig, Urteil v. 11. September 2019, Az. 1 K 1642/18.

Eine Tathandlung im Sinnen des § 185 StGB besteht in einer Kundgabe der Missachtung bzw. Nichtachtung eines anderen Menschen. Neben den üblichen Bezeichnungen „Idiot", „Affe" und „Irrer", kommen auch phantasiereichere Herabsetzungen wie etwa „ungelernter Blödmannsgehilfenanwärter" als Tathandlung in Betracht. Herabsetzungen können jedoch zur Ausübung der Meinungsfreiheit gemäß § 193 StGB als „berechtigtes Interesse" gerechtfertigt sein. Die an und für sich beleidigende Äußerung ist dann nicht rechtswidrig erfolgt.

Abzuwägende Kriterien „berechtigtes Interesse" versus persönliche Ehre

- Wenn es um Beiträge zum geistigen Meinungskampf in einer die Öffentlichkeit wesentlich berührenden Frage geht, spricht die Vermutung für die Zulässigkeit der freien Rede. Je bedeutender die Diskussion für die Öffentlichkeit, umso eher kann die Meinungsfreiheit ehrverletzende Äußerungen rechtfertigen.
- Das besondere Schutzbedürfnis der Kritik an der Ausübung staatlicher Gewalt schließt auch die personalisierte herabsetzende Äußerung gegen Amtsträger ein.
- Beleidigen sich Diskutierende untereinander in einem öffentlichen Forum, ist nicht ihre Privatsphäre, sondern die weniger geschützte Sozialsphäre betroffen. „Sie müssen deshalb grundsätzlich auch eine scharfe Reaktion hinnehmen, selbst wenn diese ihr Ansehen mindert."[21] Zusätzlich sind auch die Diskussionsgepflogenheiten des jeweiligen Netzwerkes einzubeziehen. Ist es beispielsweise im Netzwerk Facebook innerhalb bestimmter Gruppen üblich, Mitdiskutanten als „Honk" zu bezeichnen, kann mit der Teilnahme auch eine rechtfertigende Einwilligung in die Herabsetzungen vorliegen.

Bei beleidigenden Angriffen auf eine konkrete Person oder eine konkret bestimmbare Personengruppe ist im Einzelfall zu klären, ob Werturteile und Tatsachenbehauptungen so ehrverletzend sind, dass sie sich abträglich auf das Ansehen und das Bild in der Öffentlichkeit der konkreten angegriffenen Person auswirken. Erst wenn verletzende Kritik die

---

[21] VG Mainz, Urteil v. 13. April 2018, Az. 4 K 762/17.MZ.

4 Social-Media-Accounts der öffentlichen Verwaltung

Schwelle zur gravierenden Ehrverletzung überschreitet, muss die grundsätzlich noch durch die Meinungsfreiheit geschützte Herabsetzung hinter dem Persönlichkeitsrecht des Betroffenen zurückstehen.

Beispiel zur gerechtfertigten Beleidigung

Beschimpfung eines Ministerpräsidenten
Während eines Pressetermins zur Bekämpfung des Coronavirus hatte sich der Ministerpräsident eines Bundeslandes seine Schutzmaske nicht fachgerecht angelegt. Ein Twitter-Nutzer kommentierte einen Presseartikel mit Foto: „Diese bekloppte Oberlusche! Da sieht man mal wieder von was für einem unfähigen Vollidioten unser Land regiert wird." Da die Beschimpfung im Kontext der öffentlichen Auseinandersetzung um das für die Öffentlichkeit bedeutsame Thema der umstrittenen Maßnahmen zur Bekämpfung des Coronavirus erfolgt, überwiegt in diesem Fall das berechtigte Interesse des Äußernden den Schutz der Ehre eines Amtsträgers.

Beschimpfung eines Staatsanwalts
Ein Journalist und Mitherausgeber einer Zeitung äußerte sich als Diskussionsteilnehmer einer Talkshow mit dem Thema „F. – die Öffentlichkeit und die Moral" zum Ermittlungsverfahren gegen den damaligen Vizepräsidenten des Zentralrates der Juden wegen des Verdachts des unerlaubten Umgangs mit Betäubungsmitteln folgendermaßen:

„Und ich bin ganz sicher, dass dieser staatsanwaltliche, man muss wirklich sagen: Skandal eines ganz offenkundig, ich sag's ganz offen, durchgeknallten Staatsanwaltes, der hier in Berlin einen außerordentlich schlechten Ruf hat, der vor einem Jahr vom Dienst suspendiert worden ist, der zum ersten Mal überhaupt wieder tätig wird. Dieser Skandal wird zweifellos dazu führen, dass sich die hiesige Justizbehörde und die ihr zugeordnete Staatsanwaltschaft fragen muss, ob man auf diese Art und Weise gegen Privatpersonen vorgehen kann."

Das Amtsgericht Tiergarten sah in der Formulierung „durchgeknallter Staatsanwalt" eine Schmähung, die von vornherein nicht zu rechtfertigen sein kann. Eine Abwägung wurde deshalb nicht vorgenommen und der Journalist wegen einer Beleidigung verurteilt. Das Bundesverfassungsgericht hob die Entscheidung auf. Denn eine nicht mehr abzuwägende Schmähung liegt nicht allein auf Grund der Schwere der Kränkung vor. Hinzukommen muss, dass die persönliche Kränkung das sachliche Anliegen vollständig in den Hintergrund drängt. Infolgedessen durfte das Amtsgericht den Beschwerdeführer nicht wegen Beleidigung verurteilen, ohne eine Abwägung zwischen seiner Meinungsfreiheit und dem Persönlichkeitsrecht des Geschädigten vorzunehmen.[22]

---

[22] BVerfG, Beschluss v. 12. Mai 2009, Az. 1 BvR 2272/04 („durchgeknallter Staatsanwalt").

4.2.5 Nicht der Meinungsfreiheit unterliegende Kommentare

Formalbeleidigungen, auch als Schmähkritik bezeichnet, unterliegen nicht der Meinungsfreiheit (Abschn. 4.2.5.1). Sie dürfen hausrechtlich entfernt werden. Ebenso verhält es sich mit unwahren Tatsachenbehauptungen (Abschn. 4.2.5.2). Eine Abwägung zwischen dem Recht auf Meinungsäußerung und den Persönlichkeitsrechten des Betroffenen findet nicht satt.[23] Jedoch muss ermittelt werden, ob die Abwägung entfallen darf. Die Feststellung, ob überhaupt eine Äußerung noch abzuwägen ist, weil sie nicht mehr im Rahmen der berechtigten Interessen zur Ausübung der Meinungsfreiheit dienlich ist (siehe Abschn. 4.2.5), bereitet auch den Gerichten Schwierigkeiten.[24]

4.2.5.1 Formalbeleidigungen gegenüber Mitdiskutanten

Nicht durch die Meinungsfreiheit geschützt und damit auch nicht mehr im Einzelfall zwischen Meinungsfreiheit und Persönlichkeitsrechten des Betroffenen abzuwägen, sind Äußerungen, die als Formalbeleidigung eingestuft werden können.[25] Merkmal der unzulässigen Schmähung bzw. Formalbeleidigung ist zunächst die Schwere der Herabsetzung. Weiter muss die Diffamierung der Person im Vordergrund stehen. Das ist der Fall, wenn es bei den schweren Herabsetzungen nicht mehr um die Auseinandersetzung mit dem jeweiligen diskutierten Thema geht. Merkmal hierfür ist, dass die Äußerungen keinen konkreten Sachbezug zur Diskussion aufweisen.[26] Derartige, auch strafrechtlich relevante Äußerungen, können (und müssen; siehe Abschn. 4.2.8) rechtmäßig entfernt werden und auch die Sperrung des Kommentators als Nutzer rechtfertigen.

---

[23] Fechner: Medienrecht, S. 41.
[24] Wie kompliziert und widersprüchlich die Abwägungen sein können, zeigen die Urteile im Verfahren der Politikerin Renate Künast, die sich gegen obszöne Beschimpfungen auf Facebook wehrt: https://www.tagesschau.de/kuenast-105.html und https://www.aufrecht.de/beitraege-unserer-anwaelte/medienrecht/kuenast-kammergericht-berlin.html, letzter Aufruf am 25.05.2020.
[25] BVerfG, Beschluss v. 19. Februar 2019, Az. 1 BvR 1954/17.
[26] BVerfG, Beschluss v. 08. Februar 2017, Az. 1 BvR 2973/14.

> **Beispiele zur Formalbeleidigung**
>
> Zur Diskussion um den Zuzug von Flüchtlingen äußerte sich ein Nutzer auf dem Facebook-Profil „ZDF Heute+" gegenüber namentlich angesprochenen Nutzern folgendermaßen:
>
> > „Mir ist jeder kriminelle Ausländer lieber als so ein linkes Drecks-Geschmeiß wie ihr! Ihr seid Abschaum, den man lebendig einbetonieren sollte! Ihr seid beide so hässlich, da ist selbst die Bezeichnung Untermensch noch schmeichelhaft."
> >
> > „Tja leider hast Du Deine Bilder nicht gesperrt und so sieht man, dass Du eigentlich fett, alt und hässlich bist. Deine geistige Engstirnigkeit kommt ja nun nachweislich noch dazu."
>
> Das Verwaltungsgericht Mainz befand den diffamierenden Gehalt dieser Kommentare für so erheblich, dass sie in jedem denkbaren Zusammenhang als bloße Herabsetzung der Betroffenen erscheinen.[27] Eine Abwägung zwischen dem Grad der Ehrverletzung und dem Recht auf Meinungsäußerung erübrigt sich, da diese Äußerungen nicht mehr als Meinung schützenswert sind. Denn die Bezeichnungen als „fett, alt und hässlich; Untermensch; Drecks-Geschmeiß" sind hier austauschbare Herabsetzungen, die nicht in einem Bezug zum diskutierten Thema stehen und damit nicht vom Gehalt der Meinung getragen werden können.

4.2.5.2 Unwahre Tatsachenbehauptungen und „Fake News"

Der Schutz der Meinungsfreiheit für Tatsachenbehauptungen endet dort, wo sie zu der verfassungsrechtlich vorausgesetzten Meinungsbildung nichts beitragen können. Unter diesem Gesichtspunkt ist unrichtige Information kein schützenswertes Gut. Die erwiesen oder bewusst unwahre Tatsachenbehauptung wird nicht vom Schutz des Art. 5 Abs. 1 Satz 1 GG umfasst.[28]

„Bei Äußerungen, in denen sich wertende und tatsächliche Elemente in der Weise vermengen, dass die Äußerung insgesamt als Werturteil anzusehen ist, fällt bei der im Rahmen einer Prüfung der Verletzung des allgemeinen

---

[27] VG Mainz, Urteil v. 13. April 2018, Az. 4 K 762/17.MZ.
[28] BVerfG, Beschluss v. 13. April 2000, Az. 1 BvR 589/95.

Persönlichkeitsrechts gebotenen Güterabwägung maßgeblich der Wahrheitsgehalt der tatsächlichen Bestandteile ins Gewicht; enthält eine Meinungsäußerung einen erwiesen falschen oder bewusst unwahren Tatsachenkern, so tritt das Grundrecht der Meinungsfreiheit regelmäßig hinter die Schutzinteressen des von der Äußerung Betroffenen zurück."[29]

Auch hier bestehen erhebliche Abgrenzungsunsicherheiten zwischen noch gerade geschützter Behauptung und schon nicht mehr als Meinung geschützter Behauptung.

„Allerdings kann auch eine unwahre Tatsachenbehauptung als *im Äußerungszeitpunkt* rechtmäßig angesehen werden, insbesondere wenn jemand eine herabsetzende Behauptung über Dritte aufstellt, die nicht seinem eigenen Erfahrungsbereich entstammt und er die ihm obliegenden Sorgfaltspflichten eingehalten hat. In diesem Fall kommen weder Bestrafung noch Widerruf oder Schadensersatz in Betracht, da ansonsten der öffentliche Kommunikationsprozess zu sehr eingeschränkt würde. Es gibt aber kein durch das Grundrecht der Meinungsfreiheit gerechtfertigtes Interesse, nach Feststellung der Unwahrheit an der Behauptung festzuhalten. Besteht die Gefahr, dass die Äußerung dessen ungeachtet aufrechterhalten wird, kann der sich Äußernde zur Unterlassung verurteilt werden."[30]

Der Sorgfaltsmaßstab zur Überprüfung des Wahrheitsgehaltes durch den Behauptenden beurteilt sich nach seinen Recherchemöglichkeiten. So wird für die Presse sowie für Pressesprecher eine weitreichende Recherchetätigkeit vorausgesetzt. Für Nichtangehörige der Presse besteht eine geringere Pflicht zu Prüfung (sogenanntes Laienprivileg).

Bewusst erstellte Falschinformationen genießen jedenfalls keinen Schutz. Im Zusammenhang mit der Verbreitung von Fake News werden die Stimmen lauter, die ein Gesetz verlangen, das die Verbreitung „unwahrer Tatsachen" über soziale Netzwerke unter Strafandrohung verbieten soll. Ob ein Gesetz generelle Grenzen zwischen erlaubter Spekulation und Satire sowie nicht mehr geschützter manipulativer Fälschung ziehen kann, ist zweifelhaft.

---

[29] Vgl. BGH v. 16. Januar 2018, Az. VI ZR 498/16.
[30] BVerfG, Beschluss v. 13. April 2000, Az. 1 BvR 589/95.

4.2.6 Verteidigung der öffentlichen Verwaltung gegen Angriffe

Nicht selten werden behördliche Foren und Accounts in sozialen Netzwerken von Nutzern aufgesucht, die sich über die jeweilige Einrichtung beschweren. Dabei kommt es auch zu drastischen Formulierungen, die die Einrichtung selbst als Ganzes wie auch einzelne Bedienstete angreifen. Sowohl juristische Personen des öffentlichen Rechts wie auch Bedienstete können mit der zivilrechtlichen Unterlassungsklage gegen die drohende Wiederholung von Vorwürfen geschützt werden, sofern die Herabsetzungen und Behauptungen einen der Straftatbestände der Beleidigung, der üblen Nachrede oder der Verleumdung (§§ 185 bis 187 Strafgesetzbuch) erfüllen. Derartige Äußerungen können auch im Rahmen des Hausrechts rechtmäßig entfernt werden.

Hiervon zu unterscheiden sind zu duldende polemische Äußerungen über die Einrichtung (sogleich Abschn. 4.2.5.1) von nicht zu duldenden Äußerungen, die zu einer schwerwiegenden Funktionsbeeinträchtigung der öffentlichen Einrichtung führen (Abschn. 4.2.5.2).

4.2.6.1 Zu duldende Kritik an der öffentlichen Einrichtung

Polemisch vorgebrachte Kritik (siehe Abschn. 4.3.2) ist von der betroffenen Behörde zu dulden. Das Grundrecht der Meinungsfreiheit ist gerade aus dem besonderen Schutzbedürfnis der Machtkritik erwachsen und es findet darin weiterhin seine Bedeutung.[31]

Auf Grund des Sachlichkeitsgebotes besteht auch kein Recht der Behörde einen polemischen Gegenschlag bei der Kommunikation mit der Bürgerschaft zu führen (Abschn. 3.2.5 und siehe auch „Greta-Beispiel" im Abschn. 2.2.2). Erlaubt und aus dem Gedanken der Transparenz der Öffentlichkeitsarbeit geboten (Pflicht zur Öffentlichkeitsarbeit siehe auch Abschn. 3.2.1) ist es der öffentlichen Verwaltung, ihre Sicht der Dinge unter Einhaltung des Sachlichkeitsgebots einer Kritik entgegenzuhalten.

---

[31] BVerfG, Beschluss v. 24. Mai 2006, Az. 1 BvR 49/00 („Babycaust").

4.2.6.2 Funktionsbeeinträchtigungen der Einrichtung durch Beleidigungen

Schmähungen und Beleidigungen sowohl gegen die Behörde als Organisation sowie auch gegen einzelne Bedienstete müssen nicht „wehrlos" hingenommen werden. Unter den Voraussetzungen der Erfüllung von Tatbeständen des strafrechtlichen Ehrenschutzes (insbesondere bei Beleidigungen gemäß § 185 Strafgesetzbuch) kann Strafantrag gestellt werden.

Im Gegensatz zur Beleidigung bestimmter Bediensteter ist die Beleidigung einer öffentlichen Einrichtung nur unter speziellen und engen Voraussetzungen gegeben. Eine Behörde, beziehungsweise deren Träger als juristische Person des öffentlichen Rechts, hat keine „persönliche Ehre", da sie nicht Grundrechtsträger ist. Jedoch besteht Schutz, wenn die Äußerungen geeignet sind, die Behörde schwerwiegend in ihrer Funktion zu beeinträchtigen.

Eine schwerwiegende Beeinträchtigung soll dann vorliegen, wenn das erforderliche Mindestmaß an öffentlicher Anerkennung so beschädigt wird, dass die betroffene Einrichtung ihre Funktion nicht mehr erfüllen kann, weil das unerlässliche Vertrauen in ihre Integrität in Frage gestellt wird.[32] Es geht daher nicht um „Respektlosigkeit gegenüber der Obrigkeit", sondern darum, dass die Behörde ihre gemeinnützige Aufgabe nicht erfüllen kann, wenn der Bürger sich aus Misstrauen vor unlauterer Amtsführung abwendet.

Aus der Rechtswidrigkeit ergibt sich ein zivilrechtlicher Unterlassungsanspruch (§§ 1004, 823 Abs. 2 BGB) und damit auch das Recht der Behörde rechtswidrige Äußerungen hausrechtlich zu löschen.

---

[32] BGH, Urteil v. 16. November 1982, Az. VI ZR 122/80 („Vetternwirtschaft").

> **Beispiele zur Beeinträchtigung der behördlichen Funktion**
>
> In einem Schreiben an die damalige Bundesagentur für Arbeit behauptete ein Bürger Folgendes:
>
> „Sie haben nachweislich unbefugt auf der Basis von Günstlings- und Vetternwirtschaft in Reinkultur öffentliche Gelder verschwendet, indem Sie mit nichts gerechtfertigte Arbeitslosengelder an Frau G. auszahlten."
>
> Weiter drohte der Autor damit, seine Behauptung öffentlich zu machen. Die Bundesagentur für Arbeit konnte gegen den Vorwurf unlauterer Amtsführung einen Unterlassungsanspruch geltend machen.[33]

4.2.6.3 Presserechtlicher Gegendarstellungsanspruch einer Behörde

Werden in sozialen Netzwerken Presseberichte, die unwahre Tatsachenbehauptungen über Handlungen der öffentliche Einrichtung enthalten, durch Nutzer (weiter-)verbreitet, kommt auch ein presserechtlicher Gegendarstellungsanspruch gemäß des jeweiligen Landespressegesetzes gegenüber dem Presseverlag in Betracht. Die veröffentlichte Gegendarstellung kann von der öffentlichen Einrichtung im Verlauf von Diskussionen weiterverbreitet werden.

Der presserechtliche Anspruch ist auf die Fälle begrenzt, in denen die Presse den Ruf der Behörde in unzulässiger Weise schwerwiegend beeinträchtigt. Dieses soll dann vorliegen, wenn die erhobenen Vorwürfe geeignet seien, das Vertrauen der Bürger in die Arbeitsweise des Amtes zu erschüttern (siehe oben Abschn. 4.2.6.2). Es sei daher angemessen, wenn das Amt hierzu im Rahmen eines presserechtlichen Gegendarstellungsanspruchs Stellung nehmen dürfe. So zum Beispiel, wenn in einem Artikel ohne genauere Recherchen behauptet wird, ein Jugendamt habe ohne Grund ein siebenjähriges Kind seiner Mutter weggenommen.[34]

---

[33] BGH, Urteil v. 16. November 1982, Az. VI ZR 122/80 („Vetternwirtschaft").
[34] KG Berlin, Beschluss v. 17. März 2009, Az. 9 W 48/09.

4.2.7 Netzwerkdurchsetzungsgesetz – NetzDG

Nicht Verpflichtete des Gesetzes zur Verbesserung der Rechtsdurchsetzung in sozialen Netzwerken (Netzwerkdurchsetzungsgesetz, NetzDG) sind die Account-Inhaber selbst.
Nach § 1 Abs. 1 NetzDG betrifft die Pflicht zur Prüfung der als rechtwidrig gemeldeten Inhalte „Telemediendiensteanbieter, die mit Gewinnerzielungsabsicht Plattformen im Internet betreiben, die dazu bestimmt sind, dass Nutzer beliebige Inhalte mit anderen Nutzern teilen oder der Öffentlichkeit zugänglich machen (soziale Netzwerke). Plattformen mit journalistisch-redaktionell gestalteten Angeboten, die vom Diensteanbieter selbst verantwortet werden, gelten nicht als soziale Netzwerke im Sinne dieses Gesetzes. Das Gleiche gilt für Plattformen, die zur Individualkommunikation oder zur Verbreitung spezifischer Inhalte bestimmt sind."

4.2.8 Löschungspflicht der Moderatoren bei rechtswidrigen Äußerungen

In den vorangegangenen Abschnitten ging es darum, ob und unter welchen Voraussetzungen ehrverletzende Beiträge von Kommentatoren und Diskutanten gelöscht werden dürfen und wie sich eine öffentliche Einrichtung wehren kann.
Der Betrieb und die Moderation der Accounts und Foren der öffentlichen Verwaltung unterliegen der unmittelbaren Grundrechtsverpflichtung. Damit ist bei Löschungen von Äußerungen stets zu beachten, dass nicht unzulässig in die Meinungsfreiheit der Kommentatoren eingegriffen wird (siehe vorangegangene Abschnitte). Dabei steht die Frage nach der Berechtigung der „Abwehrhandlungen" in Vordergrund. Auf der anderen Seite besteht spiegelbildlich die Verpflichtung zur Löschung rechtswidriger Herabsetzungen durch die Moderatoren staatlicher Foren und Accounts in sozialen Netzwerken.

4.2.8.1 Verfassungsrechtliche Verpflichtung zur Löschung rechtswidriger Kommentare

Anders als die Privaten, ist der Staat verpflichtet, jedes in einem Freiheitsrecht garantierte Rechtsgut zu schützen und zu fördern. Daraus ergeben sich aktive Handlungspflichten. Das Schutzgut der rechtswidrigen Herabsetzungen (Beleidigungsdelikte, §§ 185 ff StGB) ist die persönliche Ehre als Persönlichkeitsrecht. So kann auch argumentiert werden, dass die Moderatoren einer virtuellen öffentlichen Einrichtung auch zur Beseitigung der rechtswidrigen Beeinträchtigung privater Teilnehmender auf Grund der staatlichen Schutzpflicht verpflichtet sind.

Ein weiteres Schutzgut der Beleidigungsdelikte ist die Ermöglichung der öffentlichen Meinungsbildung zur Erhaltung demokratischer Prozesse. Hieraus ist abzuleiten, dass die Moderatoren verpflichtet sind eben diesen Vorgang, zu dem die Einrichtung geschaffen ist, zu ermöglichen und schwerwiegende Herabsetzungen sowie Einschüchterungen und das Vergraulen von Mitdiskutanten zu unterbinden.

Ebenso kann auch eine Löschungspflicht rechtswidriger Kommentare aus dem allgemeinen Gleichheitssatz nach Art. 3 Abs. 1 Grundgesetz bei der Ausübung des virtuellen Hausrechts geboten sein.

4.2.8.2 Zivilrechtliche Verpflichtung zur Löschung rechtswidriger Kommentare

Die öffentliche Verwaltung kann auch im Wege der zivilrechtlichen Störerhaftung auf Löschung rechtswidriger Herabsetzungen in ihren Foren und auf ihren Fanpages in Anspruch genommen werden. Ein Mitdiskutant kann so bei einer rechtswidrigen Herabsetzung, etwa durch eine falsche Tatsachenbehauptung, von dem jeweiligen Foren- bzw. Account-Inhaber verlangen, die Äußerung zu entfernen (siehe zur Störerhaftung ausführlich Abschn. 4.3.1).

> **Ihr Transfer in die Praxis**
> Zur Ausübung des Hausrechts ist es sinnvoll Verhaltensregeln (Netiquette) aufzustellen. Hierauf können Sie sich berufen und auch Akzeptanz für Ihr Eingreifen herstellen, indem Sie auf die Regeln verweisen. Damit bleiben Ihre Entscheidungen transparent und Sie werden nicht dem Vorwurf der Willkür durch Betroffene ausgesetzt.
> Sperrungen sind dann verhältnismäßig, wenn mehrfach in die Persönlichkeitsrechte von Mitdiskutanten durch schwerwiegende Herabsetzungen eingegriffen wurde und zu erwarten ist, dass dieses Verhalten des Angreifers fortbesteht.
> Polemische *Kritiken über Ihre Einrichtung* müssen Sie nicht unbeantwortet lassen. Jedoch haben Sie nicht das Recht zur Löschung und auch nicht das Recht zum polemischen Gegenschlag auszuholen. Auf verbreitete Zerrbilder kann mit sachlich gehaltener Information zur Richtigstellung reagiert werden.
> Nicht mehr von Ihnen bzw. Ihrer Einrichtung hinnehmbare Äußerungen über Ihre Einrichtung sind diejenigen, die die Schwelle zur Funktionsbeeinträchtigung der jeweiligen öffentlichen Einrichtung überschreiten. Hierzu gehören insbesondere Äußerungen, die eine unlautere Amtsführung (strafbare Handlungen) unterstellen.

4.3 Einhaltung der allgemeinen Gesetze zum Social-Media-Recht

Der Grundsatz des Vorrangs des Gesetzes „Handle nie gegen Gesetze" (siehe Abschn. 3.1.2.1) verpflichtet die öffentliche Verwaltung zur Einhaltung bestehender Gesetze.

Das Digitale-Dienste-Gesetz (DDG) vom 6. Mai 2024 ist für die Inhaber eines Accounts in einem sozialen Netzwerk nicht anzuwenden. Ebenso treffen die umfangreichen Pflichten des DDG auch Websitebetreiber, zum Beispiel einer Gemeinde-Website, nicht. Das Gesetz gilt für Diensteanbieter im Sinne des § 1 Absatz 4 Nummer 5 DDG. Hierunter fallen die Betreiber einer Social-Media-Plattform, nicht aber die Mitglieder der Plattform als Account-Inhaber.

Wie für die Privaten gelten auch für die Social-Media-Arbeit der öffentlichen Einrichtungen die gesetzlichen Regelungen zum Social-

Media-Recht als sogenannte Querschnittsmaterie des Rechts. Besonders wichtige Gesetze für die Nutzungen im Rahmen der Öffentlichkeitsarbeit sind u. a. das Urheberrechtsgesetz (UrhG), die Datenschutzgrundverordnung (DSGVO) und das Kunsturheberrechtsgesetz (KUG) sowie Regelungen zum Wettbewerbs- und Presserecht.

4.3.1 Störerhaftung der öffentlichen Verwaltung

Bei Rechtsverletzungen durch zu Unrecht veröffentlichte Inhalte wird die sogenannte Störerhaftung ausgelöst. Die zivilrechtliche Störerhaftung bewirkt, dass derjenige, der, ohne Täter oder Teilnehmer zu sein, in irgendeiner Weise „willentlich und adäquat kausal" zur Verletzung eines geschützten Rechtsgutes beiträgt, als Störer auf Unterlassung der Rechtsverletzung in Anspruch genommen werden kann. Einfacher ausgedrückt: Störer ist jeder, der auf irgendeine Weise zur Verbreitung der rechtlich zu beanstandenden Inhalte beiträgt.

> **Beispiel zur Störerhaftung im Internet**
>
> Gemeinde G beauftragt die Kommunikationsagentur K mit der Erstellung einer neuen Website. K baut in die neue Website ein Landschaftsfoto der Fotografin F zur Illustration der örtlichen Beschreibung des Gemeindegebiets ein. Das Foto hat K von der Website „www.schoene-landschaftsfotos-voellig-umsonst" heruntergeladen. Fotografin F. stellt fest, dass ihr Landschaftsfoto unberechtigt auf der Website „www.schoene-landschaftsfotos-voellig-umsonst" veröffentlicht und zur kostenlosen Nutzung bereitgestellt wurde. Ebenso entdeckt F, dass die Gemeinde G das Foto auf ihrer Website nutzt.
> Über die Haftung als Störer ihrer Rechtsposition kann F die Gemeinde G in Anspruch nehmen. Auch dann, wenn der Ursprung des Unrechts seinen Lauf durch die Urheberrechtsverletzung der Seitenbetreiber www.schoene-landschaftsfotos-voellig-umsonst genommen hat. F kann von G die Entfernung verlangen und G zur Abgabe einer Unterlassungserklärung zwingen. Ebenso kann F eine Honorarforderung für die Zeit der Nutzung ihres Fotos auf der Website der G als sogenannten Lizenzschaden stellen.

Sinn der Störerhaftung bei Internetveröffentlichungen ist es auch, dem Rechteinhaber die Möglichkeit zu geben, seine Rechte unabhängig von der Auffindbarkeit des ursprünglichen Täters zu schützen. Der Rechteinhaber kann zunächst die Unterlassung der Störung völlig unabhängig von einem Verschulden des Störers verlangen. Weiter kann der Rechteinhaber Schadensersatzforderungen gegenüber dem Störer geltend machen, wenn dieser seinen Prüfungspflichten zur Rechtmäßigkeit der Verbreitung nicht ausreichend nachgekommen ist. Dabei ist die Sorgfaltspflicht zur und bei der Rechteprüfung besonders hoch.[35] So genügt im Urheberrecht schon leichte Fahrlässigkeit zur Begründung einer Schadensersatzpflicht.

Gegenstand der Störerhaftung sind alle denkbaren rechtswidrigen Inhalte. Neben rechtswidrigen Äußerungen führen rechtswidrige Bildnutzungen zu den häufigsten Streitfällen. Dabei können Störungen sowohl die Nutzung fremder Werke unabhängig ihres gezeigten Inhaltes sein (Urheberrecht), wie auch die gezeigten Inhalte selbst auslösen (beispielsweise Persönlichkeitsrechte abgebildeter Personen). Die nachfolgende Checkliste soll Ihnen einen Überblick zu den zu prüfenden Punkten vor einem Social-Media-Posting von Videos, Grafiken und Fotos vermitteln.[36]

4.3.2 Checkliste soziale Medien

Die Abb. 4.1 zeigt Ihnen ein Schema zur Prüfung Ihrer Berechtigungen bei Veröffentlichungen von Videos, Fotos und Grafiken in sozialen Netzwerken. Zu trennen ist zwischen Ihren urheberrechtlichen Nutzungsberechtigungen, ein fremdes Werk in sozialen Netzwerken veröffentlichen zu dürfen, und Ihren Rechten, bestimmte Bildinhalte (Bildthemen), wie beispielsweise Personen, wiedergeben zu dürfen. Nachfolgend werden die einzelnen Punkte der Checkliste „Social-Media-Postings von Videos, Grafiken und Fotos" erläutert.

---

[35] Zum Umfang der Prüfungspflichten vgl. BGH, Urteil v. 05. Februar 2015, Az. I ZR 240/12.
[36] Vgl. Eggers: Bildrechte, S. 175.

4 Social-Media-Accounts der öffentlichen Verwaltung

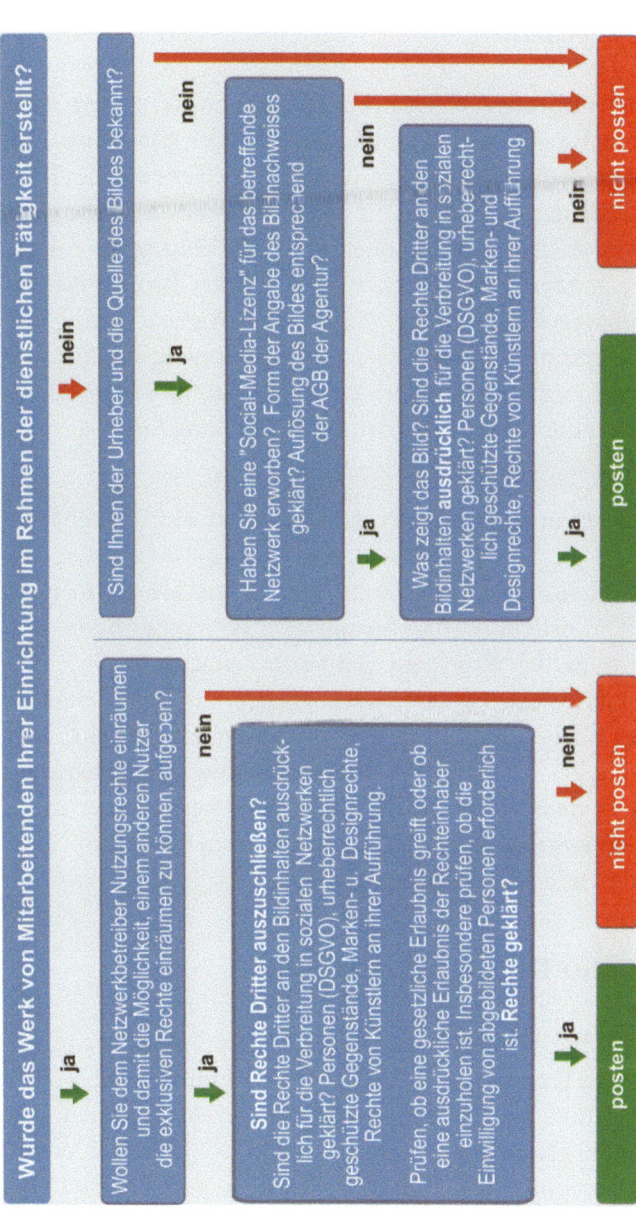

Abb. 4.1 Checkliste für Social-Media-Postings von Videos, Grafiken und Fotos. (Quelle: in Anlehnung an Eggers 2019)

4.3.2.1 Wurde das Werk im Rahmen der dienstlichen Tätigkeit erstellt?

Die Rechteprüfung zum Posten eigener Werke (linke Spalte) basiert nicht auf der Prüfung eines Lizenzerwerbes von Außenstehenden (Agenturen, externe Fotografen und Grafiker). Wurde das Werk von Bediensteten im Rahmen dienstlicher Tätigkeit erstellt, gilt: Es bedarf nicht des Erwerbs einer Social-Media-Lizenz, da die postende öffentliche Einrichtung als Arbeitgeber in der Regel Nutzungsrechte an den Werken ihrer Bediensteter erwirbt. Die Berechtigungen zum Posten von fremden Werken (Werke von Externen) sind hingegen von der ausdrücklichen Zustimmung zur Nutzung in sozialen Netzwerken abhängig. Handelt es sich um fremde Werke, fahren Sie zur Rechteklärung mit der rechten Spalte der Abbildung fort.

4.3.2.2 Dem Netzwerkbetreiber Nutzungsrechte einräumen?

Auch wenn das Werk aus Ihrer Einrichtung stammt und Sie es selber angefertigt haben, ist zu bedenken, dass Sie mit dem Posten des Bildes den Netzwerkbetreibern in der Regel ein „einfaches Nutzungsrecht" einräumen. Bevor Sie das Werk posten, ist zu überlegen, ob Ihr Arbeitgeber das Werk eventuell für bestimmte Projekte exklusiv nutzen möchte und er die Kontrolle über Verbreitungswege behalten möchte. Natürlich können Sie das Foto in dem Netzwerk löschen. Dieses gelingt aber meist nicht vollständig, sodass eine Weiterverbreitung in dem jeweiligen Netzwerk in der Regel nicht auszuschließen ist.

4.3.2.3 Sind Rechte Dritter auszuschließen?

Die Frage „Sind Rechte Dritter auszuschließen?" der linken Spalte der Checkliste (Werke aus Ihrem Hause) zielen auf die Bildinhalte ab: Werke, insbesondere Fotos und Videos, zeigen unter anderem Personen, urheberrechtlich geschützte Gegenstände, Marken und fremde Designs sowie Künstler bei der Aufführung ihrer Werke. Damit ist zu klären, ob das Motiv in dem von Ihnen zugedachten Kontext in einem sozialen Netzwerk gezeigt und verbreitet werden darf.

Besondere Aufmerksamkeit verlangen Personenfotos, die Sie nicht ohne Einwilligung (Art. 6 Abs. 1 Buchst. a DSGVO) oder Model-Vertrag (Art. 6 Abs. 1 Buchst. b DSGVO) oder auf der Rechtsgrundlage des Art. 6 Abs. 1 Buchst. e DSGVO im „öffentlichen Interesse" Ihrer öffentlichen Stelle verbreiten dürfen (siehe Kap. 5 zum Datenschutz und der Personenfotografie).

Vorsicht ist bei staatlichen Postings mit der Abbildung fremder Marken und Markennamen dann geboten, wenn diese im Veröffentlichungszusammenhang einer Rufschädigung ausgesetzt sind. Dieses passiert, wenn die fremden Marken oder Markennamen im Zusammenhang mit Produktwarnungen gezeigt werden (siehe Abschn. 3.1.2.2 Beispiel „Warnung vor Glykol im Wein").

4.3.2.4 Sind Ihnen der Urheber und die Quelle des Bildes bekannt?

Für Werke, die nicht aus Ihrem Hause stammen (rechte Spalte) gilt: Wenn Sie nicht feststellen können, wer das Werk angefertigt hat und aus welcher Quelle es stammt, sollten Sie immer auf das Hochladen verzichten. Denn eine weitere Rechteprüfung erübrigt sich, wenn es Ihnen nicht möglich ist, die Urheberschaft nebst Lizenzbedingungen zu klären. In der Regel benötigen Sie die ausdrückliche Zustimmung des Urhebers für die Verbreitung in sozialen Netzwerken (siehe sogleich Abschn. 4.3.2.5).

4.3.2.5 Haben Sie eine „Social-Media-Lizenz" für das betreffende Werk erworben?

Wenn es sich um ein Werk einer Agentur handelt, vergewissern Sie sich, dass die Agentur Ihnen auch eine Lizenz zur Nutzung des Fotos in sozialen Medien erteilt hat. Handelt es sich beispielsweise um ein Foto, dass Sie im Rahmen eines Fotoauftrags erworben haben, muss sich aus der Vereinbarung mit dem externen Fotografen ergeben, dass Sie zur Vergabe einer (Unter-)Lizenz zu Gunsten eines Netzwerkes berechtigt sind.

4.3.2.6 Form der Bildnachweise eingehalten?

Fotoagenturen geben genau vor, wie Sie bei Veröffentlichungen in Netzwerken die Quelle und den Urheber anzugeben haben. In den AGB einiger Agenturen wird bestimmt, dass der Bildnachweis auf der Pixelebene des Bildes zu erbringen ist. Damit ist gemeint, dass mit einem Bildbearbeitungsprogramm Urheber und Quelle (dezent) in das Bild selbst hineinzuschreiben sind. Sinnvoll ist es, mit externen Dienstleistern (Grafikern, Fotografen Agenturen) Regelungen zu treffen, ob und wie Bildnachweise in sozialen Netzwerken erfolgen sollen.

4.3.2.7 Was zeigt das Werk? Dürfen Sie die Bildinhalte posten?

So wie auch in der linken Spalte, ist auch bei Werken aus fremder Produktion (rechte Spalte) zu prüfen, ob Sie berechtigt sind, abgebildete Personen, Marken, Künstleraufführungen, urheberrechtlich geschützte Gegenstände und fremde Designs in dem von Ihnen geplanten Zusammenhängen in ein soziales Netzwerk zu posten (siehe oben Abschn. 4.3.2.3).

> **Ihr Transfer in die Praxis**
>
> Für Behörden und sonstige öffentliche Stellen ergeben sich zur Einhaltung „allgemeiner Gesetze" bei der Social-Media-Arbeit keine Besonderheiten gegenüber den auch die Privaten verpflichtenden Gesetzen. Sie können insbesondere im Bereich der Rechteklärung zur Veröffentlichung fremder Werke auf die inzwischen umfangreiche Literatur und Ratgeberpraxis zum Social-Media-Recht zugreifen. Die Checkliste soll Ihnen helfen, vor einem Posting eventuelle Konfliktfelder aufzufinden.

4.4 Einsatz von Künstlicher Intelligenz

Mit den inzwischen leicht verfügbaren Möglichkeiten des Einsatzes von Künstlicher Intelligenz (KI) bestehen neue rechtliche Fragestellungen. Diese betreffen bei KI generierten Inhalten zur Öffentlichkeitsarbeit und deren Verbreitung insbesondere Kennzeichnungspflichten, den Datenschutz, das Recht am Bild und das Urheberrecht.

4 Social-Media-Accounts der öffentlichen Verwaltung   119

4.4.1 Künstliche Intelligenz und Kennzeichnungspflichten

Die Pflicht der Kenntlichmachung von KI generierten Inhalten ist bisher nicht ausdrücklich mit nationaler Gesetzgebung zum Einsatz von KI geregelt. Eine Kennzeichnungspflicht der „KI Produkte" im Rahmen der Öffentlichkeitsarbeit von Hoheitsträgern kann jedoch aus der „EU-Verordnung über den Einsatz von Künstlicher Intelligenz" (nachfolgend „KI-Verordnung" genannt) hergeleitet werden. Daneben ergibt sich die Pflicht zur Kenntlichmachung von KI-Inhalten aus den verfassungsrechtlichen Grundsätzen zur Öffentlichkeitsarbeit von Hoheitsträgern.

4.4.1.1 Kennzeichnungspflicht gemäß der KI-Verordnung

Auch auf Grund der nunmehr massenhaften Ausbreitung der fotorealistischen Manipulationen, schnell und einfach hergestellt mittels Generatoren der Künstlichen Intelligenz (KI), hat der europäische Gesetzgeber Regelungsbedarf zu täuschend echten Fotografien und Videos erkannt. Dieser ist, neben vielen weiteren Regelungen zum Einsatz der KI, mit der „EU-Verordnung über den Einsatz von Künstlicher Intelligenz" (nachfolgend „KI-Verordnung" genannt) umgesetzt.

Fotorealistische Manipulationen werden in der KI-Verordnung als „Deepfakes" bezeichnet. Diese sind unter „KI-Systemen mit Transparenzanforderungen" eingestuft. Die Transparenzanforderung wird durch Kennzeichnungspflicht sichergestellt. Die Pflicht trifft nicht nur Betreiber von KI-Diensten, sondern auch die Nutzenden der Dienste, die ein KI-Bild oder KI-Video publizieren.

Art. 50 Absatz 3 Satz 1 KI-Verordnung bestimmt: „Wer ein KI-System einsetzt, das Bild-, Audio- oder Videoinhalte erzeugt oder manipuliert, die einen Deep Fake darstellen, muss offenlegen, dass die Inhalte künstlich erzeugt oder manipuliert wurden."

Art. 50 Absatz 3 Satz 4 KI-Verordnung manifestiert weiter eine grundsätzliche Kennzeichnungspflicht für textliche Informationen. „Wer ein KI-System einsetzt, das Text generiert oder manipuliert, der zu dem

Zweck veröffentlicht wird, die Öffentlichkeit über Angelegenheiten von öffentlichem Interesse zu informieren, muss offenlegen, dass der Text künstlich generiert oder manipuliert wurde."

4.4.1.2 Kennzeichnung zur Erfüllung des Sachlichkeitsgebotes

Grundsätzlich bestehen unter dem Sachlichkeits- und Richtigkeitsgebot (siehe Abschn. 3.2.5) Zweifel daran, ob fotorealistische Darstellungen in der Öffentlichkeitsarbeit der Exekutive zulässig sein können. Diese Frage lässt sich nur unter Berücksichtigung der Themen und konkreten Inhalte sowie aus den Veröffentlichungskontexten beurteilen. Wird der Eindruck erzeugt, dass eine Illustration die fotografische Abbildung der Wirklichkeit darstellt, kann hierin eine nicht mit den Grundsätzen zur behördlichen Öffentlichkeitsarbeit vereinbarende und damit unzulässige Manipulation der Meinungsbildung der Leserschaft liegen.

Aus dem verfassungsrechtlichen Sachlichkeits- und Richtigkeitsgebot bei der Öffentlichkeitsarbeit lässt sich herleiten, dass bei mittels KI erstellten fotorealistischen Darstellungen die Bürger und Bürgerinnen zumindest darüber informiert werden müssen, dass die veröffentlichte Darstellung nicht der Realität entspricht und es sich um ein KI-Produkt handelt.

4.4.2 Künstliche Intelligenz und Datenschutz

Sobald mit der Herstellung eines KI-Produktes (Text, Bild, Grafik, Video) die Eingabe personenbezogener Daten verbunden ist, unterfällt diese Verarbeitung von Daten den Regelungen der Datenschutzgesetze. Das bedeutet, dass für jeden Schritt der Verarbeitung bis hin zur Veröffentlichung eine datenschutzrechtliche Rechtsgrundlage erforderlich ist. Zudem gelten die Pflichten zur Information betroffener Personen sowie alle weiteren im Datenschutz bestehenden Rechte der Betroffenen und Pflichten der Verantwortlichen.

Im Rahmen der Öffentlichkeitsarbeit von Hoheitsträgern kommen vorrangig die Rechtsgrundlagen „Einwilligung" und „öffentliches Interesse" in Betracht.

Personenbezogen sind Daten dann, wenn sie in ihrer Gesamtheit einen Rückschluss auf die Identität einer lebenden Person ermöglichen.

Eine ausführliche Handreichung haben die Datenschutzbehörden des Bundes und der Länder über einen Downloadlink verfügbar gemacht.[37]

4.4.3 Künstliche Intelligenz und das „Recht am Bild"

Sogenannte Symbolfotos sind Fotografien, die eine Situation oder auch einen Sachverhalt stellvertretend zu einem Text illustrieren. Das Foto zeigt nicht dokumentarisch den konkreten Bezug, sondern es wird lediglich zur Veranschaulichung einem Text beigeordnet. Ein Beispiel hierfür sind die zahlreichen Personenfotos, die ein Beratungsgespräch zeigen, ohne dass die Personen tatsächlich an der konkreten im Text vorgestellten Beratung teilgenommen haben.

Symbolfotos werden häufig auch als Fotomontage erstellt und inzwischen häufiger durch einen Bildgenerator mittels Künstlicher Intelligenz (KI).

Gegenüber der Nutzung von Agenturfotos (zum Beispiel Adobe Stock Fotos), die zur Symbolfoto-Nutzung mit einem sogenannten „Modelrelease" lizenziert sind, weisen mittels künstlicher Intelligenz erstellte Personenabbildungen eine Besonderheit auf. Die Künstliche Intelligenz komponiert eine neue „künstliche" Person, deren Physiognomie sich aus dem Datenbank-Fundus von Millionen Personenfotos zusammensetzt.

Die Wahrscheinlichkeit der zufälligen virtuellen Doppelgängerschaft, erzeugt durch eine KI, mag jetzt noch gering erscheinen. Jedoch wird dieses Phänomen früher oder später mit der Ausbreitung der KI als Bildproduzent zu Rechtsstreitigkeiten führen.

---

[37] Orientierungshilfe der unabhängigen Datenschutzaufsichtsbehörden des Bundes und der Länder vom 6. Mai 2024, DSK, https://www.datenschutzkonferenz-online.de/media/oh/20240506_DSK_Orientierungshilfe_KI_und_Datenschutz.pdf, letzter Abruf am 24.09.2024.

Die rechtliche Einordnung der „analogen" tatsächlichen Doppelgängerschaft lässt sich aus den Grundsätzen des spezialgesetzlich geregelten Persönlichkeitsrechts „Recht am eigenen Bild" vornehmen. Eine Veröffentlichung eines Doppelgängerbildes kann grundsätzlich in den vermögensrechtlichen Zuweisungsgehalt des „Rechts am eigenen Bild" gemäß Kunsturheberrechtsgesetz (KUG) eingreifen. Dabei ist es nicht von Bedeutung, ob dieses Bild das Produkt eines Malers, einer Fotografin oder auch das Produkt einer Künstlichen Intelligenz ist.

Von dem Publizierenden des Doppelgängerbildes kann völlig losgelöst von einem Verschulden die Beseitigung der Störung verlangt werden. Die real lebende Person hat die Rechte, so als wäre ihr eigenes Bild ohne die grundsätzlich erforderliche Zustimmung verbreitet worden.

4.4.4 Künstliche Intelligenz und das Urheberrecht

Eine zunehmend wichtige Frage für die Praxis der Bildnutzenden betrifft die rechtmäßige Nutzung von Bildmontagen und Grafiken, die aus fremden Bildelementen und Bildern eines KI-Bildgenerators erzeugt werden.

4.4.4.1 Produkte Künstlicher Intelligenz genießen keinen urheberrechtlichen Schutz

Rein maschinell hergestellte Fotomontagen können nicht urheberrechtlich geschützt sein. Das Urheberrecht umfasst allein Schöpfungen eines Menschen. Nutzen Sie einen Dienst, der Ihnen nach der Eingabe von Schlagworten eine Grafik oder eine Fotomontage „auswirft", haben Sie keine Schöpfung im Sinne des Urheberrechts vorgenommen. Das Urheberrecht fordert, dass ein Mensch unter Nutzung seiner Gedanken und seiner Kreativität *bewusst* gestaltet. Die Eingabe einer Bildidee erfüllt nicht die Voraussetzungen eines schutzwürdigen Schöpfungsaktes. Demnach genießen mittels Künstlicher Intelligenz hergestellte Gestaltungen keinen urheberrechtlichen Schutz.

Zu einem anderen Ergebnis ist zu kommen, wenn Sie selbst die durch eine Künstliche Intelligenz erzeugte Gestaltung lediglich als Vorlage für

Ihre weiteren Gestaltungen verwenden. Je nach schöpferischem Grad der Umgestaltung des Produktes der Künstlichen Intelligenz kann Ihr Endergebnis als eine urheberähnliche Leistung oder sogar als ein Werk durch das Urheberrecht geschützt sein.

4.4.4.2 Rechtmäßigkeit der Nutzung von Fotomontagen der Künstlichen Intelligenz

Aus der Perspektive der Bildnutzenden stellt sich die Frage, unter welchen Voraussetzungen Bildmontagen der Künstlichen Intelligenz rechtmäßig genutzt werden können.

Gesetzliche Lizenzen zur Nutzung
Für die Nutzung einer von Ihnen über einen KI-Anbieter generierten Bildmontage, die aus fremden Bildern erstellt wurde, können Sie nicht anführen, dass nach § 23 Abs. 1 Satz 2 UrhG eine *zulässige Umgestaltung* vorliegt. Denn für eine zustimmungsfreie Umgestaltung bedarf es der kreativen Handlung eines Menschen. Daraus folgt, dass Sie kein Urheberrecht an dem KI-Bild erwerben. Weiter ist es auch nicht möglich, dass Sie sich im Streitfall eines Plagiatsvorwurfes durch Urheber, deren Werke oder Teile ihrer Werke verwendet wurden, auf zulässige Umgestaltungen berufen können.

Sollten Sie durch weitere Eingriffe selbst die Gestaltung des KI-Produktes verändern und damit die hohen gesetzlichen Anforderungen erfüllen, ein eigenständiges Werk erschaffen zu haben, liegt darin eine zulässige Umgestaltung fremder Werke. Damit besteht eine gesetzliche Lizenz zur Nutzung der Bildelemente aus fremden Werken, die der Bildgenerator zusammengefügt hat.

Vertragliche Lizenzen zur Nutzung von Produkten der Bildgeneratoren
KI-Anbieter stellen Nutzungsbedingungen auf, die Sie mit der Nutzung des Portals akzeptieren. Diese Allgemeinen Geschäftsbedingungen beinhalten vom KI-Anbieter aufgestellte Regelungen zur Verwendung der „ausgeworfenen" Bilder. Damit ist jedoch keine urheberrechtliche Be-

rechtigung verbunden, fremde Werke zu nutzen. Das Produkt der Künstlichen Intelligenz genießt keinen urheberrechtlichen Schutz. An dem maschinell erstellten Produkt kann Ihnen der KI-Anbieter damit schon deshalb auch keine urheberrechtlichen Nutzungsrechte einräumen.

Entsteht ein KI-Foto, das einem Original-Foto, welches von einem Menschen erstellt wurde, deutlich ähnlich ist und Sie veröffentlichen dieses Bild, ist es auch denkbar, dass der Urheber oder die Urheberin gegen die Verwendung des Bildes aus dem KI-Generator vorgehen kann. Sie können dann als „Störer" durch den Urheber des „echten" Fotos in Anspruch genommen werden.

4.4.4.3 Müssen Sie dulden, dass ein KI-Bildgenerator Ihre Fotos nutzt?

Damit überhaupt ein KI-Bildgenerator nach der Eingabe von Stichworten ein fertiges Bild „auswirft", müssen Millionen „echter" Fotos von den Betreibern des KI-Angebotes gesammelt werden. Dieses Sammeln und Einlesen zu Datensätzen mit fremden Fotos ist eine urheberrechtlich relevante Handlung und sie bedarf grundsätzlich der Zustimmung der Urheber. Der Gesetzgeber hat jedoch das gesellschaftliche Interesse für Fälle der wissenschaftlichen Nutzung über das Individualinteresse von Urheberinnen und Urhebern gestellt.

§ 60d UrhG gewährt auch den Betreibern von KI-Generatoren die gesetzliche Erlaubnis, fremde Werke für das anschließende sogenannte Training der KI zu vervielfältigen. Voraussetzung ist, dass die Vervielfältigungen zum Zweck der wissenschaftlichen Forschung erfolgen. Dieses ist dann der Fall, wenn die Vervielfältigungen dem Erkenntnisgewinn dienen und sie dabei nicht unmittelbar kommerziell genutzt werden.[38]

---

[38] LG Hamburg, Beschluss v. 27. September 2024, Az. 3100227/23.

Rechtssichere Nutzung von KI-Produkten

Urheberrechtlich bestehen für Bildnutzende inzwischen rechtssichere Möglichkeiten zur Publikation KI-generierter Bilder. Dieses geschieht über die Auswahl des Dienstanbieters. Ein Beispiel hierfür wäre die Nutzung der KI-Bildgeneratoren der großen Stockfoto-Agenturen. Ein Vorreiter ist die Agentur Shutterstock, die aus dem vertraglich überlassenen Bildbestand der zuliefernden Fotografinnen und Fotografen, den Nutzenden die Möglichkeit einräumt, KI-Bilder zu generieren. Fotografinnen und Fotografen erhalten laut Shutterstock zusätzliche Vergütungen, wenn sie der Nutzung ihrer Fotos als Bildgeneratorprodukt zustimmen.

Literatur

Dişçi, Duygu: Der Grundsatz politischer Neutralität, Schriften zum Öffentlichen Recht Band 1398, Duncker & Humblot, 2019, Berlin

Drefs, Felix: Die Öffentlichkeitsarbeit des Staates und die Akzeptanz seiner Entscheidungen, Frankfurter Studien zum Datenschutz Band 55, Nomos, 2019, Baden-Baden

Eggers, Christian W.: Quick Guide Bildrechte, 2. Auflage, Springer Gabler, 2019, Wiesbaden

Fechner, Frank: Medienrecht, 18. Auflage, Mohr Siebeck, 2017, Tübingen

Kalscheuer, Fiete: Kommt jetzt die virtuelle Versammlungsfreiheit, 28. April 2020, https://community.beck.de/2020/04/28/kommt-jetzt-die-virtuelle-versammlungsfreiheit, letzter Aufruf: 09. Mai 2020

Terhaag, Michael; Schwarz, Christian: Politikerin erwehrt sich gegen Äußerungen bei Facebook, 14. April 2020, https://www.aufrecht.de/beitraege-unserer-anwaelte/medienrecht/kuenast-kammergericht-berlin.html, letzter Aufruf: 05. Mai 2020

5

Datenschutz bei personenbezogenen Inhalten der Öffentlichkeitsarbeit

> **Was Sie aus diesem Kapitel mitnehmen**
>
> Sie erfahren, auf welchen Rechtsgrundlagen die Öffentlichkeitsarbeit der öffentlichen Verwaltung mit personenbezogenen Inhalten wie Namensnennungen und Personenfotos möglich ist und wie Sie diese umsetzen können.

5.1 Grundsätze und Rechtsgrundlagen

Dort, wo Menschen im Mittelpunkt des Geschehens stehen, ist Berichterstattung ohne einen Bezug zu den handelnden Personen nicht vorstellbar. So wären Mitteilungen über Ehrungen und Personalien über Amtsträger ohne Namensnennung sinnlos. Unattraktiv und unvollständig ist auch die Berichterstattung ohne Personenfotos. Sobald jedoch Personen identifizierbar sind, berührt dieses ihr Recht auf informationelle Selbstbestimmung und es bedarf einer Rechtsgrundlage, die das Anfertigen, das Veröffentlichen, das Weitergeben an Multiplikatoren sowie die Archivierung der personenbezogenen Daten erlaubt. Dieser Umstand wird als Erlaubnisvorbehalt bezeichnet.

5.1.1 Erlaubnisvorbehalt zur Verarbeitung personenbezogener Daten

Unter Erlaubnisvorbehalt ist nicht zu verstehen, dass es beispielsweise für jede Pressemitteilung mit Namensnennungen einer Einwilligung der genannten Personen bedarf. Der Grundsatz des Erlaubnisvorbehalts im Datenschutz bedeutet, dass zur Anfertigung und Nutzung von personenbezogenen Inhalten eine Rechtsgrundlage (= Erlaubnis) entsprechend der Datenschutzgesetze erforderlich ist. Die sogenannten Erlaubnistatbestände sind als Grundsatz in der (Datenschutzgrundverordnung) DSGVO bestimmt und finden sich in den nationalen Datenschutzgesetzen wieder.

Für die Öffentlichkeitsarbeit kommen folgende Rechtsgrundlagen in Betracht:

- die Einwilligung (Art. 6 Abs. 1 Buchst. a DSGVO),
- der (Model-)Vertrag (Art. 6 Abs. 1 Buchst. b DSGVO) bei Personenfotos,
- oder das „öffentliche Interesse" der Behörde oder sonstiger öffentlicher Stellen als (Art. 6 Abs. 1 Buchst. e DSGVO).

Mindestens eine der drei oben genannten Erlaubnistatbestände muss erfüllt sein, damit eine personenbezogene Öffentlichkeitsarbeit erlaubt ist.

5.1.2 Anzuwendende Datenschutzgesetze

Anzuwendende Gesetze zur Öffentlichkeitsarbeit mit Personenbezug können, je nach Trägerschaft der öffentlichen Einrichtung, die Datenschutzgrundverordnung (DSGVO), das Bundesdatenschutzgesetz (BDSG), die Landesdatenschutzgesetze der Bundesländer (LDSG) sein.

Anzuwendende Datenschutzgesetze sind für Behörden der Länder, Gemeinden sowie öffentlich-rechtlicher Stiftungen eines Landes die DSGVO in Verbindung mit dem jeweiligen Landesdatenschutzgesetz sowie das BDSG (Beschäftigtendatenschutz im Bundesdatenschutzgesetz) bei Mitarbeiterdaten wie beispielsweise Mitarbeiterfotos.

Für Behörden des Bundes und den öffentlich-rechtlichen Stiftungen des Bundes sind anzuwenden die DSGVO in Verbindung mit dem BDSG sowie das BDSG zum Beschäftigtendatenschutz der Mitarbeitenden der öffentlichen Einrichtung.

5.1.3 Besondere Bedeutung der Rechtsgrundlage „öffentliches Interesse"

Die Öffentlichkeitsarbeit staatlicher Einrichtungen ist nicht auf grundrechtliche Kommunikationsrechte zu stützen (ausführlich siehe Kap. 2) und damit entfallen die Erleichterungen, auf die sich die Privaten und insbesondere die Presse bei der Verbreitung personenbezogener Daten stützen können.

5.1.3.1 Praktikabilität der „Interessen-Rechtsgrundlage"

Die Datenschutzgesetze bieten jedoch eine praktikable Rechtsgrundlage zur Öffentlichkeitsarbeit, die in vielen Fällen die Mühsal der Einwilligung betroffener Personen entfallen lässt.

Art. 6 Abs. 1 Buchstabe e DSGVO besagt, dass die Verarbeitung rechtmäßig ist, wenn sie für die Wahrnehmung einer Aufgabe **erforderlich** ist und die Aufgabe im **öffentlichen Interesse** liegt. Die Landesdatenschutzgesetze sowie das Bundesdatenschutzgesetz enthalten mit leicht unterschiedlichen Formulierungen übereinstimmende Regelungen.

Die öffentliche Verwaltung handelt bei der Erfüllung ihrer Aufgaben im „öffentlichen Interesse". Auch die Öffentlichkeitsarbeit, verstanden als Teilaufgabe der öffentlichen Verwaltung (siehe Abschn. 1.3), liegt im „öffentlichen Interesse" im Sinne der Datenschutzgesetze. Das personenbezogene Informationshandeln der Verwaltung zur Berichterstattung *über* die Erfüllung ihrer auf Grund eines Gesetzes oder einer Satzung zugewiesenen Hauptaufgabe wird ebenfalls vom „öffentlichen Interesse" erfasst (siehe Abschn. 3.1.1).

> **Voraussetzungen zur personenbezogenen Öffentlichkeitsarbeit im öffentlichen Interesse**
>
> Die personenbezogene Information zur Öffentlichkeitsarbeit muss
>
> - von einer „öffentlichen Stelle" im Sinne der Datenschutzgesetze stammen (siehe Kap. 2),
> - thematisch im Aufgabenbereich der öffentlichen Einrichtung liegen (siehe Abschn. 3.1.1),
> - es muss sich um sachneutrale Berichterstattung *über* die Aufgabenerfüllung handeln (siehe Abschn. 3.2),
> - die Personenbezogenheit der Mitteilung muss erforderlich sein (z. B. bei Ordensverleihungen).

5.1.3.2 Was ist „erforderlich"?

Der Begriff der datenschutzrechtlichen Erforderlichkeit ist nicht so zu verstehen, dass er zur Lähmung der Öffentlichkeitsarbeit führt. Bezieht sich die datenschutzrechtliche Fragestellung „Ist die Informationshandlung über Personen überhaupt erforderlich?" auf das „Ob" einer Mitteilung, wird dieses in vielen Fällen zur Einschätzung führen, dass die Mitteilung zur Öffentlichkeitsarbeit überflüssig ist. Denn eine Verpflichtung zur personenbezogenen Öffentlichkeitsarbeit besteht nur in engen Grenzen (Abschn. 3.2.1 und 3.1.1.3). Jedoch muss nach der hier vertretenen Ansicht die datenschutzrechtliche Prüfung der Erforderlichkeit nicht beim „Ob" der Mitteilung ansetzen, sondern das „Wie" in den Mittelpunkt stellen. Die richtige datenschutzrechtliche Fragestellung muss sein, *ob und wie umfangreich der Personenbezug der jeweiligen Mitteilung* für die Verfolgung des öffentlichen Interesses geeignet und verhältnismäßig ist (siehe auch Abschn. 5.2.2.3 zur Veranstaltungsfotografie). Zur Prüfung der Erforderlichkeit von Personenfotos siehe Abb. 5.1.

Prüfungsschema Art. 6 Abs. 1 Buchst. e DSGVO

✓ **Öffentliche Stelle im Sinne der DSGVO**

Definition für öffentliche Stelle des Bundes § 2 BDSG-neu, öffentliche Stelle eines Bundeslandes, siehe jeweiliges LDSG

✓ **Aufgabenerfüllung**

- Liegen Anlass und Thema der Fotos im Rahmen einer der öffentlichen Stelle durch Gesetz oder Satzung zugewiesenen Aufgabe?

- Dient das Foto sachbezogener Information in der inhaltlichen wie auch äußeren Form?

✓ **Erforderlichkeit**

- Ist es möglich die Öffentlichkeit ohne Personenfotos zumindest gleich geeignet (Informationswert) zu informieren?

- Wenn ja, ist das konkrete Personenfoto das mildeste Mittel = es sind die am wenigsten in die Sozialsphäre eingreifenden Fotos auszusuchen. Heranziehung der Rechtsprechung zu den Fallgruppen der Interessenabwägung im Rahmen des § 23 Abs. 2 KUG „Recht am Bild".

- Ist die Bildanzahl gegenüber der Bedeutsamkeit des Themas für die Öffentlichkeit angemessen?

- Ist die mediale Reichweite der Veröffentlichung gegenüber der Bedeutung des Themas angemessen? Problem: Reichweite bei Verlust des rechtlichen sowie technischen Einflusses auf die Multiplikation von Peronenfotos innerhalb sozialer Medien sowie Unkontrollierbarkeit von digitaler Gesichtserkennung und Verknüpfungen durch Dienstbetreiber.

Abb. 5.1 Prüfungsschema zur Rechtsgrundlage „öffentliches Interesse". (Quelle: in Anlehnung an Eggers 2019)

5.2 Personenfotos in der staatlichen Öffentlichkeitsarbeit

Nach Auffassung der Datenschutzbehörden handelt es sich bei erkennbar fotografierten Personen um personenbezogene Daten, die im Rahmen des Persönlichkeitsrechts „Recht auf informationelle Selbstbestimmung" geschützt sind. Werden Personenfotos öffentlicher Einrichtungen zum Zweck der Öffentlichkeitsarbeit angefertigt und genutzt, unterliegen diese im gesamten Produktionsprozess von der Anfertigung bis zur Löschung den Datenschutzgesetzen.[1]

Die Frage, ob Personenfotos in allen Schritten der Produktion auch nach Geltung der DSGVO noch nach den milderen Regelungen zum allgemeinen Persönlichkeitsrecht (APR) und dem Kunsturheberrechtsgesetz (KUG „Recht am Bild") weiter behandelt werden können, ist in der Literatur umstritten.[2] Bis zur Klärung, entweder durch den nationalen Gesetzgeber oder durch höchstrichterliche Rechtsprechung, ist es empfehlenswert, die jeweils strengeren Regelungen der Datenschutzgesetze im gesamten Produktionsprozess anzuwenden.[3]

---

[1] Stellvertretend für diese Rechtsauffassung: Stellungnahme zu Personenfotos im Tätigkeitsbericht 2019 des Unabhängigen Landeszentrums für Datenschutz Schleswig-Holstein (ULD). https://www.datenschutzzentrum.de/tb/tb37/uld-37-taetigkeitsbericht-2019.pdf, letzter Aufruf am 18.09.2024.

[2] Die Grundsätze und die Rechtsprechung zum KUG werden jedoch bei Interessenabwägungen im Rahmen der Interessenrechtsgrundlagen herangezogen.

[3] Rechtsprechung, die die Datenschutzgesetze auf Personenfotos anwendet: ArbG Lübeck, Beschluss v. 20. Juni 2019, Az. 1 Ca 538/19; VG Hannover, Urteil v. 27. November 2019, 10 A 820/19 (Verwarnung wegen Veröffentlichung eines Fotos auf der Fanpage einer Partei bei Facebook).

> **Vorgehen zur Prüfung der rechtmäßigen Anfertigung und Nutzung von Personenfotos**
>
> Zur rechtmäßigen Anfertigung und Nutzung kann in der Praxis in vier Schritten vorgegangen werden:
>
> - zunächst sind die anzuwendenden Datenschutzgesetze zu ermitteln (Abschn. 5.1.2),
> - im zweiten Schritt ist die praktikabelste Rechtsgrundlage für das jeweilige Vorhaben zu finden (Abschn. 5.2.2),
> - im dritten Schritt erfolgt die Zulässigkeitsprüfung der bevorzugten Rechtsgrundlage für den konkreten Fall (Abschn. 5.2.2),
> - und im letzten Schritt sind die Nachweis- und Informationspflichten umzusetzen (Abschn. 5.2.3).

5.2.1 Suche der passenden Rechtsgrundlagen

Zur praxisnahen Ausgestaltung des Datenschutzes bei der Öffentlichkeitsarbeit mit Personenfotos gilt es den durch den Gesetzgeber geschaffenen Spielraum bei der Wahl der Rechtsgrundlage auszuschöpfen. Je nach Vorhaben, Thema, Verwendungszweck und beteiligten Personen ist nach der Rechtsgrundlage zu suchen, die sowohl den Betroffenen ausreichend schützt, als auch den Verantwortlichen Handlungsfreiheiten zum jeweiligen Verwendungszweck der Personenfotos bieten.

5.2.1.1 Rechtsgrundlage für Mitarbeiterfotos

Mitarbeiterfotos zur Vorstellung der Person sowie zur Darstellung der Aktivitäten der öffentlichen Einrichtung bedürfen auf Grund der besonderen nationalen Regelungen zum Beschäftigtendatenschutz in der Regel der Einwilligung (Art. 6 Abs. 1 Buchst. a DSGVO in Verbindung mit § 26 BDSG).[4]

Eine Einwilligung entfällt, wenn eine arbeitsvertragliche Pflicht zur Mitwirkung an Fotoaufnahmen zur Öffentlichkeitsarbeit besteht. So z. B. bei Pressesprechern oder Präsentations-Tätigkeiten im Marketing, wie z. B. bei Messebetreuungen.

---

[4] Auch schon vor Geltung der DSGVO, vgl. BAG, Urteil v. 01. März 2018, Az. I ZR 264/16.

Die Einwilligung ist gemäß Art. 7 Abs. 3 DSGVO jederzeit und ohne Grund widerrufbar. Eine Entschädigung des auf die Einwilligung Vertrauenden ist nicht vorgesehen. Damit bestehen insbesondere bei aufwendigen Image- und Werbeproduktionen wirtschaftliche Risiken für den Träger der Einrichtung.

5.2.1.2 Rechtsgrundlage zur Veranstaltungsfotografie

Veranstaltungsfotografie, sofern sie sich auf reine Berichterstattung (Wer, Was, Wann, Wo, Wie und Warum) über das Ereignis bezieht (z. B. Dichterlesungen einer öffentlichen Bibliothek und „Tag der offenen Tür"), kann als „öffentliches Interesses" der staatlichen Einrichtungen legitimiert werden.

Rechtsgrundlage für öffentliche Einrichtungen eines Bundeslandes ist Art. 6 Abs. 1 Buchst. e DSGVO („öffentliches Interesse") in Verbindung mit dem jeweiligen LDSG. Für Einrichtungen des Bundes ist das BDSG hinzuzuziehen. Nicht gedeckt durch das „öffentliche Interesse" sind Personenfotos, die den Bereich der sachneutralen Berichterstattung verlassen und allein zur Herausstellung oder Bewerbung der Leistungen der öffentlichen Einrichtung dienen. Beispiele hierfür sind die Image-Broschüren einer Universität oder die Bewerbungen von VHS Kursen im Jahresprogramm.

5.2.1.3 Rechtsgrundlage zur Image- und Werbeproduktionen

Image- und Werbeproduktionen sollten auf Grund des Aufwandes und der Kosten möglichst nicht auf die Einwilligung (Art. 6 Abs. 1 Buchst. a DSGVO) gestützt werden. Vorzuziehen ist die Gestaltung einer vertraglichen Berechtigung zur Fotonutzung im Rahmen von Leistung und Gegenleistung. Hier lassen sich die Datenverarbeitungen (Erstellen, Veröffentlichen, Weitergaben, Archivierungen) auf einen Vertrag im Sinne der DSGVO (Art. 6 Abs. 1 Buchst. b DSGVO) stützen.[5]

---

[5] Eggers: Bildrechte, S. 35.

Der (Model-)Vertrag hat den Vorteil, dass sich der Fotografierte an seiner Willenserklärung zur Bildnutzung festhalten lassen muss. Ihm ist lediglich ein Widerruf aus „wichtigem Grund" gemäß des Bürgerlichen Gesetzbuches (BGB) möglich, der unter Umständen auch zum Ausgleich der Aufwendungen verpflichtet.

Werden Personenfotos gegen Nutzungshonorare über Bildagenturen bezogen und veröffentlicht, können diese ebenfalls auf der Rechtsgrundlage eines Vertrages im Sinne des Art. 6 Abs. 1 Buchst. b DSGVO mit der Bildagentur genutzt werden, soweit die Verwendungsbedingungen (insbesondere Veröffentlichungszusammenhänge und Art der Medien) der Agentur zu dem jeweiligen Foto eingehalten werden.

5.2.2 Tragfähigkeit der Rechtsgrundlage

Ist die praktikable Rechtsgrundlage zur Anfertigung und Nutzung gefunden, muss nachfolgend die rechtliche Zulässigkeit der gewählten Rechtsgrundlage für den konkreten Fall geprüft werden.

5.2.2.1 Zulässigkeit der Einwilligung als Rechtsgrundlage

Einwilligungen müssen vor der Anfertigung der Fotos eingeholt werden. Im Beschäftigtenverhältnis bedürfen Einwilligungen gemäß § 26 BDSG in der Regel der Textform. So kann z. B. der Mitarbeitende auch in einer E-Mail informiert und gefragt werden, ob er mit der Aufnahme und Veröffentlichung einverstanden ist. Die wirksame und gesetzlich geforderte aktive Zustimmung kann als Zustimmung per E-Mail-Antwort auf die Anfrage erfolgen.

Aufgrund der Nachweispflichten des Verantwortlichen zur aktiven Zustimmung des Betroffenen empfiehlt es sich, Fotoeinwilligungen mittels einer vorgefertigten Erklärung einzuholen. Datenschutzaufsichtsbehörden der Bundesländer bieten auf ihren Websites Formulierungshilfen zu Einwilligungserklärungen an.[6]

---

[6] Muster und Hinweise zur Foto-Einwilligung: https://www.datenschutzrecht.sachsen.de/Einwilligung_BildTonaufnahmen.html, letzter Aufruf mit Verfügbarkeit am 25.05.2020.

Es ist darauf zu achten, dass Einwilligungserklärungen „externer Personen", Mitarbeitender und Minderjähriger (Zustimmung beider Sorgeberechtigter und des Minderjährigen ab 14. Lebensjahr) unterschiedliche Anforderungen erfüllen müssen. Es empfiehlt sich daher, die Anfertigung von Einwilligungstexten unter Beratung des Datenschutzbeauftragten der jeweiligen Einrichtung anzufertigen.

Eine rechtswirksame Einwilligung ist an Voraussetzungen und Bedingungen gekoppelt. Diese sind nachfolgend aufgelistet.

Voraussetzungen der rechtswirksamen Einwilligung

Freiwillig (Art. 4 Nr. 11 DSGVO): Hat der Betroffene die freie Wahl, die Willensbekundung zu verweigern oder zurückzuziehen, ohne Nachteile zu erleiden? Teilhabe an Veranstaltungen der öffentlichen Einrichtung darf nicht von einer Fotoeinwilligung abhängig gemacht werden.

Informiert (Art. 4 Nr. 11 DSGVO): Ist der Betroffene so informiert, dass er zur Willensbildung in der Lage ist? Hierzu zählt auch die Risikoaufklärung. Niemand kann in etwas einwilligen, was er nicht kennt.

Widerrufbarkeit: Ist der Betroffene über die jederzeitige Widerrufbarkeit ohne Angabe von Gründen informiert (Art. 7 Abs. 3 DSGVO)?

Bezogen auf einen bestimmten Zweck (Art. 6 Abs. 1 Buchst. a DSGVO, Zweckbindung Art. 5 Abs. 1 Buchst. b DSGVO): Nicht ausreichend sind pauschale Angaben. Es sind die konkreten Zwecke zu benennen. Angabe „zur Öffentlichkeitsarbeit" muss konkretisiert werden durch die Benennung von Veröffentlichungszusammenhängen und der Medien, in denen die Veröffentlichung erfolgen soll.

Bezogen auf bestimmte Verarbeitungen (Art. 4 Nr. 11 DSGVO): Es muss deutlich sein, welche Verarbeitungen vorgenommen werden. Hierzu gehört die Benennung der Websites und der sozialen Medien, in denen Veröffentlichungen erfolgen sollen.

Unmissverständlich (Art. 4 Nr. 11 DSGVO): Der Betroffene muss seine Willensbekundung in einer eindeutigen bestätigenden Handlung zum Ausdruck gebracht haben. Untätigkeit, bzw. Duldung ist keine Einwilligung im Sinne der DSGVO. In der Praxis ist die Unterschrift der Erklärung die sicherste und nachweisbare (Nachweispflicht, Art. 7 Abs. 1 DSGVO) Form der aktiven Zustimmung.

5.2.2.2 Zulässigkeit von Model-Verträgen als Rechtsgrundlage

Model-Verträge müssen Leistung und Vergütung für die Einräumung der genau zu benennenden Bildnutzungen (insbesondere Medien und Verwendungszusammenhänge) beinhalten. Gegenleistungen, die für das Model keinen nennenswerten Nutzwert haben, sind hier nicht ausreichend, wenn diese Leistungen darauf abzielen, das hohe Schutzniveau der Einwilligung (Art. 6 Abs. 1 Buchst. a DSGVO) durch vertragliche Gestaltungen mittels symbolischer Leistungen zum Nachteil des Betroffenen zu unterlaufen.

Eine Vergütung muss jedoch nicht in Geldleistungen bestehen. Denkbar ist auch, dass dem Model als Vergütung urheberrechtliche Nutzungsrechte an den Fotos zur Eigenwerbung eingeräumt werden. Ist das Model minderjährig, ist die Zustimmung beider Sorgeberechtigter und zusätzlich die des Minderjährigen ab dem 14. Lebensjahr erforderlich.

Nicht praktikabel ist ein Model-Vertrag mit Mitarbeitenden der Behörden und öffentlichen Einrichtungen, da hier die Vorschriften zum Vergaberecht Grenzen setzen.

5.2.2.3 Zulässigkeit der Rechtsgrundlage „öffentliches Interesse"

Die Rechtsgrundlage „öffentliches Interesse" kommt bei der sachneutralen Berichterstattung unter inhaltlicher Beschränkung auf „Wer, Was, Wann, Wie, Wo und Warum" über öffentliche Veranstaltungen in Betracht (siehe Abschn. 3.3 zur sachneutralen Berichterstattung und Abschn. 5.1.3 zum öffentlichen Interesse).

Die Entscheidung zur rechtmäßigen Anfertigung und Nutzung der Fotos erfolgt in einer auf die konkrete Veranstaltung bezogenen Verhältnismäßigkeitsprüfung der verfolgten Interessen der jeweiligen öffentlichen Einrichtung als Verantwortlicher gegenüber den Interessen der zu fotografierenden Personen. Ergibt die Prüfung im konkreten Fall, dass die Verfolgung des öffentlichen Interesses die Interessen des Betroffenen nicht unverhältnismäßig berührt, sind Anfertigung und Nutzung legitimiert. Einzubeziehen ist bei der Prüfung auch die Art der Motive und die Anzahl der zu verbreitenden Fotos.

Die Abb. 5.1 verdeutlicht die Voraussetzungen und Abwägung im Rahmen der Öffentlichkeitsarbeit einer Einrichtung in der Trägerschaft der öffentlichen Hand.

Nicht zu verwechseln mit der Zulässigkeit der Rechtsgrundlage ist das Aushängen der Fotohinweise (siehe Abb. 5.2 „Wir machen auf dieser Veranstaltung Fotos"). Das Aushängen der Hinweise schafft nicht die Erlaubnis zur Personenfotografie, sondern erfüllt lediglich die Pflicht zur Information der Betroffenen.

Wir machen auf dieser Veranstaltung Fotos!

Verantwortlich für die Erstellung und Nutzung Ihrer Fotos ist: Name, Anschrift, Telefonnummer und Mail-Adresse der öffentlichen Stelle.

Unseren **behördlichen Datenschutzbeauftragten** erreichen Sie unter: Anschrift und Mail-Adresse.

Wir erstellen und nutzen **zwecks Information der Öffentlichkeit** und damit zur Unterstützung unserer gesetzlich zugewiesenen Aufgaben Fotos von dieser Veranstaltung. Rechtsgrundlage dafür ist Art. 6 Abs. 1 Buchst. e DSGVO (in Verbindung mit Grundlage aus dem jeweiligen LDSG oder § 3 BDSG bei Bundesbehörden).

Im Rahmen unserer Öffentlichkeitsarbeit **übermitteln** wir Fotos an die örtliche Presse und wir veröffentlichen Fotos in unserem Account auf Twitter. Zur Langzeitarchivierung übermitteln wir einzelne ausgewählte Fotos an das für uns zuständige behördliche Archiv xyz.

Die **Dauer der Veröffentlichung** richtet sich nach der Erforderlichkeit zur Information der Öffentlichkeit. Veröffentlichungen auf unserer Website werden in der Regel nach X Jahren gelöscht, Tweets nach X Monaten. Die Langzeitarchivierung einzelner Fotos erfolgt unter eingeschränkter Verarbeitung für im öffentlichen Interesse liegende Archivwecke im zuständigen öffentlichen Archiv (z. B. Landesarchiv Schleswig-Holstein).

Sie haben insbesondere ein **Recht auf Widerspruch** gegen die Erstellung und Nutzung Ihrer Fotos, soweit Sie hierfür einen besonderen Grund anführen können. Zudem können Sie sich bei der zuständigen Datenschutzaufsichtsbehörde (Kontaktdaten der jeweiligen Landesdatenschutzbehörde bei der Stelle eines Landes, bei öffentlichen Stellen des Bundes ist das BfDI zu nennen) beschweren.

Ausführliche Informationen erhalten Sie unter www. xyz-behoerde/ihre-rechte-dsgvo.de und ausgedruckt hier bei der Veranstaltungsleitung im Foyer.

Abb. 5.2 Informationspflichten Veranstaltungsfotografie

5.2.3 Umsetzungen der Informationspflichten

Die Erfüllung der Informationspflichten gemäß Art. 12 ff DSGVO soll dem Betroffenen Transparenz und Aufklärung über seine Rechte sichern. Der genaue Inhalt ist abhängig von der Rechtsgrundlage, auf Grund der die Personenfotos angefertigt und genutzt werden. Werden die Fotos auf Veranlassung oder durch Mitarbeitende der öffentlichen Einrichtung angefertigt, ist Art. 13 DSGVO maßgeblich. Dem Betroffenen sind sämtliche Informationen übersichtlich und in verständlicher Sprache zur Verfügung zu stellen. In der Praxis kollidieren die Forderungen der lesbaren Form mit der Länge des Textes zur Information. Es empfiehlt sich dem Betroffenen zum schnellen Überblick kurze Informationen mit Verweis auf eine Quelle zur ausführlichen Information zur Verfügung zu stellen („abgestuftes Informationskonzept").

5.2.3.1 Informationspflichten zur Einwilligung

Im Rahmen der Einwilligungserklärung ist es sinnvoll, den Text möglichst lesbar auf die „willensbildenden" Informationen zu beschränken. Gesondert anzufügen ist dann die vertiefende Information „Ihre Rechte als Betroffener von Fotoaufnahmen". Sinnvoll ist auch ein Hinweis unter dem Erklärungstext auf eine Website der jeweiligen Organisation, die über die Betroffenenrechte gemäß Art. 13 DSGVO informiert.

5.2.3.2 Informationspflichten zum Model-Vertrag

Sind alle Modalitäten der Bildnutzungen vertraglich fixiert, enthält der Vertrag „automatisch" umfangreiche Informationen gemäß Art. 13 DSGVO bezüglich der Datenverarbeitung der Personenfotos.

> **In einem Model-Vertrag zu treffende Regelungen**
> - Zeit, Ort und Dauer des Fototermins
> - Thema und Zweck der Aufnahmen
> - Umfang der Nutzungsrechte und Lizenzierung Dritter
> - Vergütung
> - Namensnennung des Models
> - Bildbearbeitungen
> - Datenschutz: Betroffenenrechte und Aufklärung über die Risiken der Bildnutzungen

5.2.3.3 Informationspflichten zum „öffentlichen Interesse"

Die Abb. 5.2 „Wir machen auf dieser Veranstaltung Fotos" zeigt, wie das Publikum einer Veranstaltung einer öffentlichen Einrichtung gemäß Art. 13 DSGVO informiert werden kann.

Auch bei der Veranstaltungsfotografie können schon aus Gründen der geforderten Lesbarkeit nicht sämtliche Informationen ausführlich dargestellt werden. Wie bei der Einwilligung empfiehlt es sich, zusätzlich die geforderten Informationen auf Handzetteln und durch Hinweis auf eine Website der öffentlichen Einrichtung dem Besucher zur Verfügung zu stellen.

5.3 Personenfotos und Pressetermine

Eine übliche Konstellation von Beteiligten in der Öffentlichkeitsarbeit besteht in der Hinzuziehung der Presse zur Verbreitung der Themen der öffentlichen Einrichtungen. Häufig wird der Presse Gelegenheit gegeben, Mitarbeitende bei der Arbeit zu filmen und zu fotografieren. Eine weitere Konstellation ist die Erteilung von Dreh- und Fotogenehmigungen auf Ersuchen der Presse.

Soweit die Presse Daten zur Berichterstattung erhebt, unterliegen diese Daten auf Grund des sogenannten Medienprivilegs zur Sicherstellung der Pressefreiheit nicht den Regelungen der DSGVO. Damit ist die Presse, wenn Daten zu journalistischen Zwecken verarbeitet werden, auch nicht Verantwortlicher im Sinn der DSGVO. Das Anfertigen von

Personenaufnahmen durch die Presse zur Berichterstattung beurteilt sich nach dem allgemeinen Persönlichkeitsrecht (APR) und die Veröffentlichungen von Personenfotos sowie Filmaufnahmen von Personen unterliegen den „milderen" Regelungen zum „Recht am Bild" entsprechend dem Kunsturheberrechtsgesetz (KUG).

Das bedeutet jedoch nicht, dass z. B. die öffentliche Einrichtung damit zwangsläufig keine Verantwortung für die Bildaufnahmen von Bediensteten durch die Presse trägt. Ob eine öffentliche Einrichtung Verantwortlicher im Sinne der DSGVO ist, beurteilt sich nach der Art der Beziehung, die zwischen der Tätigkeit der Journalisten und der jeweiligen Organisation besteht.

5.3.1 Die Presse wird auf Grund eigener Initiative tätig

In zahlreichen Fällen bitten Redaktionen auf eigene Initiative die Presseabteilung einer öffentlichen Stelle um eine Drehgenehmigung bzw. um eine Fotoerlaubnis im Hause der Organisation. Zwangsläufig geraten hier Mitarbeitende in das Bild oder diese werden von den Journalisten um eine Zustimmung in die Aufnahmen gebeten. In diesen Fällen gewährt die Organisation nur den Zutritt, ohne selbst Anlässe zu schaffen und Beschäftigte etwa als Interviewpartner oder Akteure zu bestimmen.

5.3.1.1 Der Hausrechteinhaber ist nicht (Mit-)Verantwortlicher

Nach Art. 4 Nr. 7 DSGVO ist „Verantwortlicher" die natürliche oder juristische Person, Behörde, Einrichtung oder andere Stelle, die allein oder gemeinsam mit anderen über die Zwecke und Mittel der Verarbeitung von personenbezogenen Daten entscheidet.

Wird der Presse lediglich Zugang zum Grundstück gewährt, wird der Hausrechteinhaber damit nicht zum Verantwortlichen (im Sinne der DSGVO) für Bildaufnahmen von Mitarbeitenden. Die Presse entscheidet in diesen Fällen völlig unabhängig ohne eine Beziehung zur öffentlichen Einrichtung über die Zwecke sowie über Mittel der Bildaufnahmen. Weiter ist es Sinn und Zweck des Medienprivilegs, die freie journalistische

Berichterstattung zu ermöglichen. Würde der Inhaber des Hausrechts „automatisch" zum Verantwortlichen, allein weil er der Presse Zutritt gewährt hat, wäre schon im Vorfeld die journalistische Arbeit erschwert oder sogar verhindert, weil eine öffentliche Einrichtung wie z. B. eine staatliche Universität die datenschutzrechtliche Haftung befürchtet. Dieses Ergebnis kann nicht im Interesse einer verfassungsrechtlich verankerten „freien" Presse sein. Fürsorgepflichten gegenüber Beschäftigten sind hier nicht über eine (nicht bestehende) datenschutzrechtliche Verantwortlichkeit einzuhalten, sondern über das Hausrecht umzusetzen.[7]

5.3.1.2 Umsetzung der Fürsorgepflichten über das Hausrecht

Dennoch bestehen in Beschäftigtenverhältnissen Fürsorgepflichten gegenüber den Arbeitnehmern, wenn der Presse Zugang zwecks Bildaufnahmen erteilt wird. Eine Lösung kann darin liegen, der Presse Verhaltensregeln gegenüber Mitarbeitern zu erteilen. Eine sinnvolle Regelung für die Presse kann sein, dass diese verpflichtet wird, schriftliche Einwilligungen entsprechend des KUG (Kunsturheberrechtsgesetz) von Beschäftigten zur Anfertigung und Nutzung der Bildaufnahmen einzuholen. Weiter sollten die Mitarbeitenden zuvor über den Besuch der Presse und den Anlass der Aufnahmen informiert werden und es ihnen freigestellt sein, die Bereiche, in denen die Presse Zutritt hat, zu meiden, ohne dass dem Mitarbeitenden daraus Nachteile erwachsen. Zusätzlich kann ein Kamerateam von einem Pressesprecher begleitet werden, damit die Einhaltung der zuvor erteilten Verhaltensregeln zu den Personenaufnahmen von Mitarbeitenden auf dem Gelände und im Hause der Organisation kontrolliert werden können.

5.3.2 Auf Initiative der Einrichtung tätige Presse – Eingeladene Presse

Hat die öffentliche Einrichtung die Presse zu einer Pressekonferenz oder zu einem speziellen Anlass eingeladen und verschafft ihr die Möglichkeit

---

[7] Eggers: Bildrechte, S. 75.

zu Bildaufnahmen mit von der Einrichtung *ausgewählten* Mitarbeitenden, ist der Einrichtung die *Anfertigung der Bilddaten* nach der hier vertretenen Ansicht als Verantwortlicher im Sinne der DSGVO zuzurechnen. Denn die öffentliche Einrichtung bestimmt Zeitpunkt, Akteure und bei Einladungen auch das Thema der Berichterstattung.

Weiter besteht hausrechtlicher Einfluss auf die Durchführung der Aufnahmen, an denen die Einrichtung ein Interesse hat. Damit hat die Einrichtung auch maßgeblich Einfluss über Mittel und Zwecke der Datenverarbeitungen bezüglich der Beschäftigten. Unerheblich dabei ist, dass sich die Einrichtung hierbei der datenschutzrechtlich privilegierten Presse bedient.

Mit Blick auf die Schutzwürdigkeit Beschäftigter im „Machtgefälle" ist es auch folgerichtig, dass der Arbeitgeber auch Verantwortlicher im Sinne der DSGVO für die Anfertigung der Fotos und Filme durch die Presse ist, wenn er entscheidenden Einfluss auf die Anfertigung der Aufnahmen Mitarbeitender ausübt.

Nicht jedoch ist die öffentliche Einrichtung als Arbeitgeber für das *Verbreiten* der Aufnahmen durch die Presse verantwortlich. Denn im Bereich der Veröffentlichungen hat die Einrichtung lediglich noch presserechtliche Einflussmöglichkeiten auf die „freie" Presse.

5.3.2.1 Einwilligungen der Mitarbeitenden in die Anfertigung der Aufnahmen

Zum Schutz der Mitarbeitenden der öffentlichen Einrichtung ist eine Einwilligung nach Art. 6 Abs. 1 Buchst. a DSGVO, § 26 Abs. 2 BDSG zur *Erstellung der Bildnisse durch die Presse* notwendig. Diese ist vom Arbeitgeber als Verantwortlichem einzuholen und gegenüber dem Arbeitgeber durch den Mitarbeitenden zu erklären.

Die öffentliche Stelle muss Mitarbeitende über die Risiken der Datenerhebung aufklären. Weiter ist zu bedenken, dass arbeitsrechtliche Fürsorgepflichten insbesondere gegenüber minderjährigen Auszubildenden bestehen; selbst dann, wenn sowohl die Zustimmung des Minderjährigen als auch die Zustimmungen der sorgeberechtigten Elternteile vorliegen.

5.3.2.2 Umsetzung der Freiwilligkeit

Zur Umsetzung der Bedingung „Freiwilligkeit" der Einwilligung enthalten die Leitlinien der Artikel-29-Datenschutzgruppe zur Einwilligung ein Beispiel:
„Eine Film-Crew wird in einem bestimmten Teil eines Büros filmen. Der Arbeitgeber bittet alle Arbeitnehmer, die in diesem Teil der Büros sitzen um ihre Einwilligung, gefilmt zu werden, da sie möglicherweise im Hintergrund des Videos erscheinen. Diejenigen, die nicht gefilmt werden möchten, werden in keiner Weise bestraft, sondern erhalten für die Dauer der Filmaufnahmen einen entsprechenden Schreibtisch an einer anderen Stelle in dem Gebäude."[8]

5.3.2.3 Risikoaufklärung im Einwilligungstext

Die Besonderheit in den Fällen, in denen öffentliche Einrichtungen sich der Presse bedienen, liegt darin, dass sich Betroffene gegen die Verwendungen durch die Presse nicht aus Betroffenenrechten der DSGVO wehren können. So wäre ein jederzeitiger Widerruf der Einwilligung zur Verhinderung von Veröffentlichungen gegenüber der Presse nicht gegeben. Auch ein Widerruf gegenüber dem Verantwortlichen der Datenerhebung, also der öffentlichen Stelle, ist wirkungslos, da diese Organisationen faktisch keinen und rechtlich nur sehr bedingten (presserechtlichen) Einfluss auf weitere Datenverarbeitungen durch die Presse nehmen können. Und auch der Betroffene kann, wenn die Aufnahmen angefertigt sind, keine Betroffenenrechte aus der DSGVO gegenüber der Presse geltend machen.

Diese Schmälerung der Rechtsposition des Mitarbeitenden mit den daraus resultierenden persönlichen Risiken muss dem Mitarbeitenden in verständlicher Sprache als „willensbildender Bestandteil" des Einwilligungstextes deutlich gemacht werden.

---

[8] Leitlinien der Artikel-29-Datenschutzgruppe gemäß Verordnung 2016/679, WP 259 rev. 01, S. 8.

> **Ihr Transfer in die Praxis**
>
> Mit Anwendbarkeit der DSGVO bestehen Pflichten zur Nachweisbarkeit der rechtmäßigen Datenverarbeitung und zur Dokumentation der Verarbeitungsschritte. Weiter bestehen Auskunftsansprüche Betroffener über die erfolgten Bildnutzungen.
>
> Das Bildarchiv kann mit einem Media-Asset-Managementsystem verwaltet werden, welches ein Rechtemanagement unterstützt. Einwilligungen und Verträge können mit Personenfotos verknüpft werden, sodass die Nutzungsberechtigungen schnell überprüft werden können. Digitales Bildrechtemanagement ermöglicht zudem eine automatische Bearbeitungshistorie, sodass überprüft werden kann, welchen Nutzungen einzelne Fotos zugeführt wurden. Eventuelle Auskünfte können so schnell durch Ausdruck der Bearbeitungs- und Verwendungshistorie erteilt werden.

Literatur

Eggers, Christian W.: Quick Guide Bildrechte, 2. Auflage, Springer Gabler, 2019, Wiesbaden

Tätigkeitsbericht 2019 des Unabhängigen Landeszentrums für Datenschutz Schleswig-Holstein (ULD), https://www.datenschutzzentrum.de/tb/tb37/uld-37-taetigkeitsbericht-2019.pdf, letzter Aufruf: 18.09.2024

6

Auskunftsrechte der Presse

> **Was Sie aus diesem Kapitel mitnehmen**
> Sie erfahren, wem Sie gegenüber unter welchen Voraussetzungen in welchem Umfang presserechtliche Auskünfte erteilen müssen.

Die grundrechtliche Pressefreiheit (Art. 5 Abs. 1 Satz 2 GG) gewährleistet nicht nur ein Abwehrrecht gegen staatliche Eingriffe, sondern garantiert darüber hinaus in seinem objektiv-rechtlichen Gehalt die institutionelle Eigenständigkeit der Presse. Hierzu zählt auch die Schaffung von behördlichen Auskunftspflichten, die es der Presse erleichtern oder in Einzelfällen sogar überhaupt erst ermöglichen, ihre Kontroll- und Vermittlungsfunktionen zu erfüllen, die in der repräsentativen Demokratie unerlässlich sind.

6.1 Rechtsgrundlagen der Auskunftsansprüche

Auskunftsansprüche der Presse gegenüber der öffentlichen Verwaltung können sich aus verschiedenen Gesetzen ergeben. Die behördliche Weitergabe von Informationen an und durch die Presse, sei es durch die Beantwortung konkreter Fragen oder durch Aushändigung von Unterlagen, geschieht in der Regel weder in Form noch auf der Grundlage eines Verwaltungsaktes. Vielmehr handelt es sich sowohl bei der Auskunftserteilung als auch bei der Verweigerung um „schlichtes Verwaltungshandeln" (siehe Abschn. 3.1.1.1), welches im Verwaltungsrechtsweg im Wege der „allgemeinen Leistungsklage" (siehe Abschn. 3.1.4) überprüfbar ist.[1]

6.1.1 Bundespresseauskunftsgesetz

Das Bundeskabinett wird sich voraussichtlich Ende des Jahres 2024 mit einem Gesetzentwurf für den Auskunftsanspruch der Presse gegenüber den Bundesbehörden befassen. Die erste Beratung im Bundestag ist für Januar 2025 vorgesehen. Das Gesetz tritt im Mai 2025 in Kraft. Der Auskunftsanspruch soll sich auf die unmittelbare Auskunft, die Einsichtnahme oder Kopien sowie auf sämtliche vorhandenen Informationen einer Bundesbehörde erstrecken. Auch nicht öffentlich-rechtlich organisierte Einheiten, wenn sie öffentliche Aufgaben erfüllen, wären nach dem Entwurf verpflichtet.

Ob das Gesetz tatsächlich verabschiedet wird, ist abzuwarten.[2]

---

[1] VG Düsseldorf, Urteil v. 15. Oktober 2008, Az. 1 K 3286/08.
[2] Stellungnahme zur Anhörung des Ausschusses am 11. März 2019 betreffend ein Presseauskunftsgesetz des Bundes: https://www.bundestag.de/resource/blob/628016/926fec7d69b8e60875f5872 8ccc50f08/A-Drs-19-4-236-D.pdf, letzter Aufruf am 18.09.2024.

6.1.2 Verfassungsunmittelbarer Auskunftsanspruch der Presse

Der Gesetzgeber ist gehalten, Regelungen zu den behördlichen Auskunftspflichten zu schaffen. Besteht kein Gesetz zur behördlichen Auskunftspflicht, kann unmittelbar auf das Grundrecht aus Art. 5 Abs. 1 Satz 2 GG als Rechtsgrundlage für pressespezifische Auskunftspflichten zurückgegriffen werden.[3] Damit besteht für die Presse ein verfassungsunmittelbarer Auskunftsanspruch, der sich jedoch auf das Niveau eines Mindeststandards begrenzt (zum Umfang siehe Abschn. 6.3).[4] Der verfassungsunmittelbare Anspruch hat seine Bedeutung bei Auskünften gegenüber Bundesbehörden. Denn die jeweiligen Landespressegesetze, in denen ein einklagbarer Anspruch auf Auskunft geregelt ist, können nur einen Anspruch gegenüber der öffentlichen Verwaltung des jeweiligen Landes gewähren.

6.1.3 Auskunftsanspruch gemäß Landespressegesetzen

In den meisten Landespressegesetzen ist das Informationsrecht der Presse in § 4 geregelt. Stellvertretend ist hier § 4 Landespressegesetz Schleswig-Holstein zitiert.

§ 4 Informationsrecht der Presse

(1) Die Behörden sind verpflichtet, den Vertreterinnen und Vertretern der Presse die der Erfüllung ihrer öffentlichen Aufgabe dienenden Auskünfte zu erteilen.

(2) Auskünfte können verweigert werden, soweit

1. hierdurch die sachgemäße Durchführung eines schwebenden Verfahrens vereitelt, erschwert, verzögert oder gefährdet werden könnte oder

---

[3] BVerwG, Urteil v. 20. Februar 2013, Az. 6A2.12, („Bild gegen BND").
[4] Fechner: Medienrecht, S. 243.

2. Vorschriften über die Geheimhaltung entgegenstehen oder
3. ein überwiegendes öffentliches oder ein schutzwürdiges privates Interesse verletzt würde oder
4. ihr Umfang das zumutbare Maß überschreitet.

(3) Allgemeine Anordnungen, die einer Behörde Auskünfte an die Presse verbieten, sind unzulässig.

(4) Die Verlegerin oder der Verleger einer Zeitung oder Zeitschrift kann von den Behörden verlangen, dass ihr oder ihm deren amtliche Bekanntmachungen nicht später als ihren oder seinen Mitbewerberinnen und Mitbewerbern zur Verwendung zugeleitet werden.

6.1.4 Auskunftsanspruch gemäß Medienstaatsvertrag

Gemäß § 5 Abs. 1 Medienstaatsvertrag (MdStV) haben Rundfunkveranstalter gegenüber Behörden ein Recht auf Auskunft.[5] Die Vorschrift gilt für Anbieter von Telemedien entsprechend (§ 18 Abs. 4 MdStV). Telemedien nach § 18 Abs. 2 MdStV sind solche mit journalistisch-redaktionell gestalteten Angeboten, in denen *insbesondere* vollständig oder teilweise Inhalte periodischer Druckerzeugnisse in Text oder Bild wiedergegeben werden. Digitalausgaben von Zeitungen und Zeitschriften bilden gesetzliche Regelbeispiele für typischerweise journalistischredaktionell gestaltete Angebote.

Grundsätzlich anspruchsberechtigt zur Auskunft gegenüber der öffentlichen Verwaltung sind nicht nur Presseverlage, die Online-Ausgaben ihrer Zeitungen verbreiten. Auch Portale, bei deren Angebot die journalistisch-redaktionelle Gestaltung im Vordergrund steht, können sich auf das presserechtliche Auskunftsrecht des Medienstaatvertrags berufen.

---

[5] Der Medienstaatsvertrag wird voraussichtlich zum Jahreswechsel 20/21 Geltung erlangen und den Rundfunkstaatsvertrag ablösen. Die zitierten Regelungen zum Auskunftsanspruch befinden sich gleichlautend im Rundfunkstaatsvertrag: § 9a Absatz 1 Satz 1, § 55 Abs. 3 RStV.

6.1.5 Zugang zu amtlichen Informationen gemäß der Informationsfreiheitsgesetze

Nicht nur die Presse, sondern jedermann, kann gemäß des Informationsfreiheitsgesetzes (IFG) einen Anspruch auf Zugang zu amtlichen Informationen gegenüber Bundesbehörden und sonstigen Bundesorganen geltend machen. Die Presse kann diesen Anspruch auch gleichzeitig mit einem presserechtlichen Anspruch stellen und kombinieren. Dieses kommt in der Praxis dann vor, wenn es der Presse um die Einsicht in Unterlagen geht.[6] Das IFG hat landesrechtliche Entsprechungen. So besteht beispielsweise nach § 1 Abs. 1 des Bremer Informationsfreiheitsgesetzes „gegenüber den Behörden des Landes, der Gemeinden und der sonstigen der Aufsicht des Landes unterstehenden juristischen Personen des öffentlichen Rechts und deren Vereinigungen" ein Anspruch auf Zugang zu amtlichen Informationen. Informationsfreiheitsgesetze enthalten zahlreiche Regelungen zum Ausschluss und zur Begrenzung des Anspruches. Bevor Zugang gewährt wird, sind die Versagungsgründe nach den jeweiligen Gesetzen zu überprüfen.

6.2 Presserechtlich Auskunftsberechtigte

Auskunftsberechtige sind nach den Landespressegesetzen „Vertreterinnen und Vertreter der Presse". Vertreter und Vertreterinnen der Presse sind diejenigen, die die Funktion der Presse wahrnehmen.[7] Merkmal hierfür sind journalistisch-redaktionell gestaltete Publikationen, die dazu bestimmt und geeignet sind, zur öffentlichen Kommunikation und Meinungsbildung beizutragen.

Mit der massenhaften Publikation von redaktionell aufbereiteten Informationen zum sogenannten Content-Marketing der Unternehmen bestehen Unsicherheiten bei Zuordnung zur Presse und damit über die

---

[6] Ausführlich vgl. Heiser: Auskunftsrechte, http://www.sebastian-heiser.de/download/auskunftsrechte/auskunftsrechte-aktuell.pdf, letzter Aufruf am 18.09.2024.
[7] Funktionaler Pressebegriff vgl. BVerwG, Urteil v. 21. März 2019, Az. 7 C 26.17, („schmückendes Beiwerk").

Berechtigungen von Auskünften (Abschn. 6.2.2). Ebenso bereiten Herausgeber oder Verfasser von Blog-Beiträgen Abgrenzungsschwierigkeiten (Abschn. 6.2.3).

Welche publizistischen Erzeugnisse der Presse zuzuordnen sind, ist in verschiedenen rechtlichen Zusammenhängen umstritten. Für die Auskunftsberechtigung vertritt die Rechtsprechung einen streng funktionalen Ansatz: Der auskunftsberechtigten Presse zuzurechnen sind nur die Tätigkeiten, die auf die Erstellung von Publikationen abzielen, die *vorrangig* zur Ermöglichung freier individueller und öffentlicher Meinungsbildung dienen. Die publizistische Tätigkeit zur Erfüllung der öffentlichen Aufgabe der Presse muss prägender Unternehmenszweck sein (Abschn. 6.2.2).[8]

Nichts anderes gilt nach der Rechtsprechung des Bundesverwaltungsgerichts auch für den Auskunftsanspruch der Telemedien nach dem Rundfunkstaatsvertrag. Der Auskunftsanspruch gegenüber Behörden ist auf die „elektronische Presse" zugeschnitten und nicht auf alle Telemedien (Abschn. 6.1.2).

6.2.1 Unternehmen und Hilfsunternehmen der Presse sowie freie Journalisten

Ohne Zweifel Auskunftsberechtigte sind Vertreter der Presseverlage, Rundfunksender und der Nachrichtenagenturen als sogenannte Hilfsunternehmen der Presse.

Für Auskünfte durch freie Journalisten gilt, dass diese einen presserechtlichen Auskunftsanspruch geltend machen können, wenn sie einem Presseunternehmen zugeordnet werden können. Nach der hier vertretenen Auffassung steht auch einem nachweislich am Markt tätigen freien Journalisten[9] ohne konkreten Auftrag eines bestimmten Verlages („einsamer Wolf") ein Auskunftsanspruch zu. Es gibt keinen sachlichen Grund, freie Journalisten, die ohne einen konkreten Auftrag recherchieren, anders zu behandeln als Presseagenturen, die als Hilfsunternehmen der Presse unstreitig auskunftsberechtigt sind.[10]

---

[8] BVerwG, Urteil v. 21. März 2019, Az. 7 C 26.17, („schmückendes Beiwerk").
[9] In der Praxis gilt als Nachweis auch ein offizieller Presseausweis.
[10] Vgl. VG Augsburg, Beschluss v. 31.Mai 2016, Az. Au 7 E 16.251 („Störungsmelder").

6.2.2 Journalistisch-redaktionell gestaltete Unternehmenspublikationen

Zahlreiche Unternehmen, deren Geschäftszweck nicht in publizistischer Tätigkeit liegt, bieten zur Kundenbindung journalistische und redaktionell aufbereitete Inhalte an. So betreiben etwa Gartenbedarfshersteller Ratgeber- und Informationsseiten. Diese dienen nicht zur öffentlichen Meinungsbildung, sondern zur Kundenbindung.

Das Bundesverwaltungsgericht hat mit Urteil vom 21. März 2019 entschieden, dass ein Unternehmen, das unter anderem ein Printmedium herausgibt und teilweise journalistisch-redaktionell gestaltete Internetportale betreibt, sich nicht auf Auskunftsansprüche nach dem Landespressegesetz und dem Rundfunkstaatsvertrag berufen kann, wenn der Unternehmensgegenstand von außerpublizistischen Zwecken geprägt wird.[11] Ein Indiz hierfür soll sein, dass journalistisch-redaktionell gestaltete Inhalte lediglich als „schmückendes Beiwerk" zum eigentlichen Angebot dienen. Die Einstufung zur Pressetätigkeit soll dabei im konkreten Einzelfall erfolgen.

6.2.3 Presserechtlicher Auskunftsanspruch der Blogger

Auch im Bereich der Blogger besteht eine Einzelfallprüfung, ob der jeweilige Blog der Presse zuzuordnen ist.

Das VG Augsburg hat einem Online-Blogger den presserechtlichen Auskunftsanspruch gegenüber der Staatsanwaltschaft versagt, weil der Blog als Diskussionsforum für jedermann diene.[12] Einen presserechtlichen Auskunftsanspruch könne nur derjenige geltend machen, der einem Presseunternehmen zugeordnet werden könne, das die Gewähr für die publizistische Verbreitung an die Öffentlichkeit biete und an der öffentlichen Meinungsbildung mitwirke. Weiter würde durch eine Ausdehnung des Anspruchs auf Verfasser von Diskussionsbeiträgen der presserechtliche Auskunftsanspruch zu einem allgemeinen Auskunftsrecht und damit die Behörde in ihrer Arbeit zu sehr einschränken.

---

[11] BVerwG, Urteil v. 21. März 2019, Az. 7 C 26.17, („schmückendes Beiwerk").
[12] VG Augsburg, Beschluss v. 31. Mai 2016, Az. Au 7 E 16.251 („Störungsmelder").

Der Bayerische Verwaltungsgerichtshof[13] ist dieser Argumentation nicht gefolgt und hat in letzter Instanz entschieden, dass der Neonazi Watchblog „Störungsmelder" ein Telemedium mit journalistisch-redaktionell gestalteten Angeboten ist. Der Blog verfolge eine „publizistische Zielsetzung". Bei den Beiträgen der Autoren handle es sich nicht um bloße Meinungskundgebungen und Diskussionsbeiträge. Vielmehr zielten die Beiträge auf eine Teilhabe am Prozess der öffentlichen Meinungsbildung ab und beruhten auf einem Mindestmaß an Recherchearbeit, sodass den Bloggern damit presserechtliche Auskunftsrechte zustehen.

6.3 Auskunftsverpflichtete Organisationen

Verpflichtet zur Auskunft gegenüber Journalisten sind nach den Formulierungen der Landespressegesetze die Behörden. Der Begriff ist entsprechend der Grundrechtsverpflichtung der öffentlichen Verwaltung (siehe ausführlich Abschn. 2.2) weit zu verstehen. Eine „Flucht in das Privatrecht" ist auch gegenüber der Presse nicht möglich.

Auskunftsverpflichtet sind demnach beispielsweise in der Privatrechtsform betriebene kommunale Krankenhäuser, Theater und Museen.[14] Ebenso auskunftsverpflichtet sind öffentlichrechtliche Körperschaften wie Universitäten oder Rundfunkanstalten mit Ausnahme des Bereiches, in dem sie grundrechtsberechtigt sind (siehe Abschn. 2.3.2 und 2.3.4).[15]

Ausnahmsweise nicht zur Auskunft verpflichtet sind Unternehmen der Daseinsvorsorge unter Beteiligung privater Anteilseigner, wenn deren Eigentumsanteile die Hälfte übersteigen. In diesen Fällen besteht keine Grundrechtsverpflichtung der Einrichtung (siehe Abschn. 2.2.2.3).

---

[13] BayVGH, Beschluss v. 27. Januar 2017, Az. 7 CE 16.1994.
[14] BGH, Urteil v. 16. März 2017, Az. I ZR 13/16.
[15] Fechner: Medienrecht, S. 253.

6.4 Gegenstand und Form der presserechtlichen Auskunft

Auskunftsberechtigungen bestehen nicht allein aus dem Umstand, dass die Presse anfragt. Aus den Landespressegesetzen wie auch aus verwaltungs- und verfassungsrechtlichen Grundsätzen ergeben sich Regelungen zu den Inhalten und zur formellen Ausgestaltung der presserechtlichen Auskunft.

6.4.1 Inhalte der Auskunft

Der Anspruch betrifft alle der Erfüllung der öffentlichen Aufgabe dienenden Auskünfte. Damit ist zunächst deutlich, dass die jeweilige öffentliche Einrichtung auch nur zu den Themen Auskunft erteilen muss (und darf), die einen Bezug zur jeweiligen Aufgabe haben (siehe Abschn. 3.1.1).

Weiter ergibt sich aus der Funktion der Presse, dass auch nur zu den Vorgängen Auskunft erteilt werden muss, an denen für die Öffentlichkeit ein Informationsinteresse besteht. Dieses schließt auch Auskünfte ein, die die Presse einholt, damit sie ihren Auftrag erfüllen kann.[16] Zur Erfüllung ihrer öffentlichen Aufgabe handelt die Presse erst dann nicht mehr, wenn Berichte über Privatangelegenheiten ohne Belang für die Öffentlichkeit erfolgen.[17]

> **Beispiel zur Auskunft**
>
> Eine Pressefotografin möchte von einem staatlichen Energieversorger wissen, wann und wo die Rodungsarbeiten für eine geplante Überlandleitung beginnen. Die Fotografin möchte von den Arbeiten Fotos für einen Artikel in der örtlichen Tageszeitung über die Auswirkungen der Arbeiten auf die Anwohner anfertigen. Der Energieversorger ist zur Auskunft über den Ort und den Termin des Beginns der Bauarbeiten verpflichtet. Die Auskunft dient nicht direkt zur Information der Öffentlichkeit, jedoch zu der Ermöglichung der Bildberichterstattung.

---

[16] Fechner: Medienrecht, S. 254.
[17] VG Düsseldorf, Urteil v. 15. Oktober 2008, Az. 1 K 3286/08.

Recherchiert die Presse auf bloßen Verdacht hin, ist nicht durch die Behörde zu bewerten, ob ein öffentliches Informationsinteresse besteht. Andernfalls besteht die Gefahr einer verbotenen Zensur.[18] Nicht gefordert werden kann, bekannte Tatsachen zu kommentieren, zu bewerten oder eine rechtliche Stellungnahme abzugeben.[19] Inhaltlich müssen Auskünfte wahrheitsgemäß und, soweit keine Verweigerungsgründe für Teile der Auskunft vorliegen (Abschn. 6.5), vollständig erteilt werden.

6.4.2 Form und Durchführung der Auskunft

In welcher Form die presserechtliche Auskunft erteilt wird, kann die Behörde selbst entscheiden. Sie kann ihren Pflichten schriftlich, mündlich, durch Herausgabe von Aktenauszügen, durch Pressemitteilungen oder Einladungen zur Pressekonferenz nachkommen. Einen Anspruch auf Akteneinsicht umfasst der presserechtliche Auskunftsanspruch nicht.[20] Auskünfte dürfen nicht durch eine Kostenberechnung erschwert werden.[21] Ebenso kann nicht auf eine urlaubsbedingte Abwesenheit des zuständigen Behördenmitarbeiters verwiesen werden.

Weiter sind Auskünfte nach dem Gleichheitsgrundsatz zu erteilen. Einzelne Wettbewerber dürfen nicht durch einen Informationsvorsprung begünstigt werden. Auch verbietet der Gleichbehandlungsgrundsatz (Art. 3 Abs. 1 GG) es staatlichen Stellen zwischen einzelnen Presseverlagen oder sonstigen Medien bei der Entscheidung über Zeitpunkt, Inhalt oder Umfang zu erteilender Informationen zu differenzieren. Denn damit besteht die Möglichkeit durch die Auswahl bestimmter Medien Einfluss auf die Berichterstattung zu nehmen.[22] Erteilt die Behörde Auskünfte von sich aus, müssen die Bekanntmachungen den Medien zeitgleich zugehen.[23]

---

[18] OLG Hamm, Urteil v. 16. Dezember 2016, Az.11 U 5/14.
[19] VG Düsseldorf, Urteil v. 15. Oktober 2008, Az. 1 K 3286/08.
[20] BVerwG, Urteil v. 27. November 2013, Az. 6 A 5.13 („Barschel Akte").
[21] Ausgenommen sind eventuelle Kopierkosten.
[22] Fricke: Recht für Journalisten, S. 111.
[23] Fechner, S. 254.

6.5 Auskunftsverweigerungsgründe

Die Landespressegesetze sehen Verweigerungsgründe vor, die auf Abwägungen der Behörde basieren. Auskünften, denen ein Gesetz ohne Rechtfertigungsgründe und Ermessensspielraum entgegensteht, sind zwingend zu versagen (Abschn. 6.5.2).

Ist der Behörde eine Abwägung zum Ob und zum Umfang der Auskunft eingeräumt, muss sie in jedem Einzelfall die Interessen der durch die Erteilung betroffenen Rechtssphären gegenüber der Pressefreiheit abwägen. Abzuwägen sind das jeweils konkret in Frage stehende Informationsinteresse der Öffentlichkeit nach Aktualität und Intensität einerseits und das Gewicht derjenigen öffentlichen oder schutzwürdigen privaten Belange, die der Auskunftserteilung ganz oder teilweise entgegenstehen könnten.[24]

6.5.1 Auskunftsverweigerung bei schwebenden Verfahren

Auskünfte zu schwebenden Verfahren im Sinne der Landespressegesetze sind diejenigen Informationen, die sich auf Verfahren im Sinne des Verwaltungsverfahrensgesetzes sowie auf gerichtliche und staatsanwaltliche Verfahren beziehen.

Die Auskünfte dürfen nicht dazu führen, dass die Durchführung des Verfahrens *vereitelt, erschwert, verzögert oder gefährdet* werden könnte. Die Begriffe sind von der jeweiligen Behörde eng auszulegen. Es muss eine konkrete Gefährdung vorliegen, sodass eine theoretische Möglichkeit nicht genügt. Im Rahmen der Güter- und Interessenabwägung muss zur Verweigerung festgestellt werden, dass eine sachgemäße Durchführung des Verfahrens tatsächlich durch die Auskunft erschwert, verzögert, oder gefährdet wird.

Gefährdungen eines schwebenden Verfahrens bestehen unter Umständen dann, wenn die im Rahmen der Auskunft an die Presse gegebenen Informationen zu einer Zeugen- oder Schöffenbeeinflussung führen. Ein schwebendes Verfahren im Strafprozess endet erst mit der Urteilsverkündung.

---

[24] Fricke: Recht für Journalisten, S. 111.

Für die Polizei beginnt ein schwebendes Verfahren bereits mit dem ersten Tätigwerden, wie etwa mit der Entgegennahme einer Anzeige.

Im Verwaltungsverfahren ist verweigerungsfähig nur das durch eine Rechtsvorschrift angeordnete besondere „förmliche" Verwaltungsverfahren unter der Mitwirkung von Zeugen und Sachverständigen, der Verpflichtung zur Anhörung von Beteiligten und dem Erfordernis der mündlichen Verhandlung gemäß §§ 63 ff. der Verwaltungsverfahrensgesetze.[25]

6.5.2 Auskunftsverweigerung bei Geheimhaltungsvorschriften

Geheimhaltungsvorschriften im Sinne der Landespressegesetze sind Vorschriften, die öffentliche Geheimnisse schützen sollen und auskunftsverpflichtete Behörden zumindest auch zum Adressaten haben. Hierzu gehören Dienst- und Staatsgeheimnisse, die durch das Strafgesetzbuch geschützt sind, wie etwa die Offenbarung von Staatsgeheimnissen. Geheimhaltungsvorschriften bestehen daneben in einzelnen Gesetzen, wie etwa § 43 Deutsches Richtergesetz (DRiG), der die Vertraulichkeit richterlicher Beratungen gewährleistet. Ebenso ist eine Geheimhaltungsvorschrift § 30 Abgabenordnung (AO) zum Steuergeheimnis. Nicht alle Vorschriften verbieten eine Auskunft vollständig und zwingend. So kann die Verletzung des Steuergeheimnisses durch die presserechtliche Auskunft ausnahmsweise gerechtfertigt sein, wenn ein Steuerstrafverfahren von erheblicher öffentlicher Bedeutung ist.

Auch sogenannte Verschlusssachen unterliegen einem Gebot zur Auskunftsverweigerung. Bei Verschlusssachen handelt es sich um Informationen, die von einer amtlichen Stelle im öffentlichen Interesse als geheimhaltungsbedürftig eingestuft wurden.

---

[25] Umstritten ist, ob auch Verfahren gemäß §§ 9 VwVfG eingeschlossen sind.

6.5.3 Auskunftsverweigerung bei überwiegenden öffentlichen Interessen

Plant die Verwaltung Maßnahmen, deren positive Wirkungen vereitelt werden, wenn sie zuvor öffentlich bekannt werden, kann die Auskunft im Rahmen der Abwägung verweigert werden. So etwa bei der vorzeitigen öffentlichen Bekanntgabe von Terminen und Orten einer geplanten allgemeinen Verkehrsüberwachung.

Ein überwiegendes öffentliches Interesse zur Auskunftsverweigerung kann auch Nachrichtensperren begründen. So muss das Informationsinteresse der Öffentlichkeit jedenfalls teilweise zurücktreten, wenn durch die Information Menschenleben gefährdet werden. Ein Beispiel hierfür bildet die eingeschränkte und vorübergehend begrenzte Informationstätigkeit der Polizei bei Terroranschlägen.

6.5.4 Auskunftsverweigerung bei schutzwürdigen privaten Interessen

Schutzwürdige private Interessen ergeben sich aus den durch die Rechtsordnung geschützten Rechtspositionen von privaten Personen. Es können sowohl die Rechte privater natürlicher Personen als auch die von privaten juristischen Personen zur Auskunftsverweigerung führen.

6.5.4.1 Datenschutz und presserechtliches Auskunftsrecht

Soweit ein Personenbezug zu natürlichen Personen der Information besteht oder sich herstellen lässt, ist das Recht auf informationelle Selbstbestimmung betroffen. Nach dem Grundsatz des datenschutzrechtlichen Erlaubnisvorbehalts bedarf die Weitergabe personenbezogener Daten einer Rechtsgrundlage.

Mit Geltung der Datenschutzgrundverordnung ist nicht ganz eindeutig, welche datenschutzrechtlichen Vorschriften als Rechtsgrundlage zur Weitergabe im Rahmen der presserechtlichen Auskunft heranzuziehen sind. Das Bundesverwaltungsgericht scheint davon auszugehen, dass die presserechtliche Auskunft entsprechend der Landespressegesetze dem

Grunde nach eine gesetzliche Erlaubnis für die Weitergabe personenbezogener Informationen beinhaltet.[26] Inhaltlich ist diese Erlaubnis um die materiellen datenschutzrechtlichen Vorgaben des Art. 6 Abs. 1 Buchst. f DSGVO zu ergänzen. Diese Konstruktion führt zu einer Abwägung des verfassungsrechtlich geschützten Interesses der Presse mit dem Interesse der betroffenen Person, über die Daten mitgeteilt werden. Allgemein relevant für die Anwendung des Art. 6 Abs. 1 Buchst. f DSGVO ist zudem noch der Hinweis des BVerwG, dass das Tatbestandsmerkmal der „Erforderlichkeit" im Sinne einer Verhältnismäßigkeitsprüfung zu verstehen ist.[27] Damit besteht im Ergebnis keine Änderung gegenüber den auch vor Geltung der DSGVO geltenden Grundsätzen zur Abwägung (siehe sogleich Abschn. 6.5.4.2).

6.5.4.2 Abwägung Recht auf informationelle Selbstbestimmung und Pressefreiheit

Aufgabe der um Auskunft gebetenen Behörde ist es, im konkreten Einzelfall zu prüfen, ob das Recht auf informationelle Selbstbestimmung (nach traditionellem Verständnis dem allgemeinen Persönlichkeitsrechten zugeordnet) als „privates Interesse" die Pressefreiheit überwiegt.

„Die für die Frage der Schutzwürdigkeit maßgebliche Abwägung mit dem Informationsrecht der Presse hängt danach insbesondere davon ab, welches Maß das für die Auskunft streitende Informationsinteresse aufweist. So kann es etwa darauf ankommen, ob die begehrte Auskunft Fragen betrifft, die die Öffentlichkeit wesentlich angehen, ernsthaft und sachbezogen erörtert werden oder lediglich private Angelegenheiten, die nur die Neugier befriedigen, ausgebreitet werden. Auf der Seite des privaten Geheimhaltungsinteresses ist zu berücksichtigen, in welche Sphäre des Persönlichkeitsrechts durch die Auskunftserteilung eingegriffen wird, wie schwer dessen Beeinträchtigung voraussichtlich ist und welche Folgen sich aus der Auskunftserteilung und ihrer Verweigerung ergeben."[28]

---

[26] BVerwG, Urteil v. 27. September 2018, Az. 7C5. 17 („Verwandtenaffäre").
[27] Vgl. Pilz: Bundesverwaltungsgericht entscheidet zu Öffnungsklauseln, https://www.delegedata.de/2019/01/bundesverwaltungsgericht-entscheidet-zu-oeffnungsklauseln-uebermittlungsvorschrift-im-bayerischen-datenschutzgesetz-ist-mit-der-dsgvo-unvereinbar/, letzter Aufruf am 25.05.2020.
[28] VG Düsseldorf, Urteil v. 15.Oktober 2008, Az. 1 K 3286/08.

6.5.4.3 Schutzwürdige Interessen von Unternehmen

Auskünfte über Unternehmen können das Recht am eingerichteten und ausgeübten Gewerbebetrieb (§ 823 Abs. 1 BGB) verletzen. Insbesondere bei Auskünften zu Produktwarnungen (siehe Abschn. 3.1.2.2 Beispiel „Glykol im Wein"). Wie bei natürlichen Personen muss eine Abwägung zwischen dem verfassungsrechtlich geschützten Interesse der Presse und dem Interesse der betroffenen Unternehmen erfolgen.

6.5.4.4 Sorgfaltspflicht der Presse

Die von einer Behörde erteilte Auskunft über private Belange entbindet die Presse nicht selbst davon, die Informationen nach presserechtlichen Maßstäben zu überprüfen. Anders ausgedrückt: Die behördliche Auskunft ist kein Freifahrtschein, der die Presse von ihrer Verantwortlichkeit befreit.

Erteilt beispielsweise die Staatsanwaltschaft Auskunft mit Namen und dem Beruf eines Vergewaltigungsopfers, muss der Redakteur im Rahmen seiner Sorgfaltspflicht erkennen, dass diese Information nicht für die Veröffentlichung bestimmt sein kann.[29]

6.5.5 Auskunftsersuchen, die das zumutbare Maß übersteigen

Überschreitet der Umfang des Ersuchens das für die Behörde „zumutbare Maß", kann die Behörde die Auskunft teilweise oder auch gänzlich verweigern. Grundsätzlich sind Gegenstand der Auskunft nur vorhandene Informationen und nicht Informationen, die die Behörde erst generieren muss. Jedenfalls führt das Auskunftsrecht nicht zu einer Informationsbeschaffungspflicht zu Lasten der Behörde. Die Zumutbarkeitsregelung soll gegen Missbrauch des Auskunftsrechts schützen.

---

[29] Vgl. Haller: Recherchieren, S. Hinweise Verlag/Setzerei: 296.

Ihr Transfer in die Praxis

Bei Anfragen gilt, dass der Umfang der Auskunft in jedem Einzelfall geprüft werden muss. In der Praxis kommt es häufig bei „Überrumpelungen" zur Weitergabe von Informationen, die so nicht hätten geschehen dürfen. Pressesprecher können sich jedoch meist auf konkrete aktuelle Anfragen vorbereiten, sodass die notwendigen Abwägungen zum Inhalt und Umfang der Auskunft nicht unter Zeitdruck oder gar spontan getroffen werden müssen.

Auskünfte zu heiklen Themen können auch schriftlich erteilt werden, sodass die Behörde bei Missverständnissen oder Fehlinterpretationen durch Journalisten abgesichert ist. Aktuelle Ereignisse ziehen in der Regel zahlreiche Anfragen unterschiedlicher Medien nach sich. In diesen Fällen hat die Pressemitteilung ihre Stärken. Unter Hinweis auf eine demnächst erfolgende Pressemitteilung kann die zur Sorgfalt notwendige Zeit gewonnen werden und dem Grundsatz zur Gleichbehandlung der verschiedenen Medien entsprochen werden.

In der Social-Media-Kommunikation richten nicht nur Bürgerinnen und Bürger Fragen an die öffentliche Verwaltung, sondern auch recherchierende Journalistinnen und Journalisten. Auch hier hat die Pressemitteilung bei aktuellen und schwerwiegenden Ereignissen ihren Sinn, indem die Antwort mit einem Hinweis auf die verlinkte Pressemitteilung kombiniert werden kann.

Kluge Bücher für die Öffentliche Verwaltung

Neue Buchreihe „Edition Innovative Verwaltung"

gemeinsam mit der Zeitschrift Innovative Verwaltung

Weitere Titel unter springer-gabler.de – Fachbereich Öffentliche Verwaltung

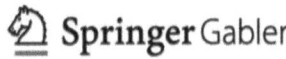 springer-gable

Kluge Handbücher für die Öffentliche Verwaltung

Weitere Titel unter springer-gabler.de –
Fachbereich Öffentliche Verwaltung

MIX
Papier aus verantwortungsvollen Quellen
Paper from responsible sources
FSC® C105338
www.fsc.org

If you have any concerns about our products,
you can contact us on
ProductSafety@springernature.com

In case Publisher is established outside the EU,
the EU authorized representative is:
**Springer Nature Customer Service Center GmbH
Europaplatz 3, 69115 Heidelberg, Germany**

Printed by Libri Plureos GmbH
in Hamburg, Germany